CHINA TRANSPORT STATISTICAL YEARBOOK 2021

2021 中国交通运输统计年鉴

中华人民共和国交通运输部　编
Compiled by Ministry of Transport of the People's Republic of China

人民交通出版社股份有限公司

图书在版编目(CIP)数据

2021中国交通运输统计年鉴 / 中华人民共和国交通运输部编. — 北京：人民交通出版社股份有限公司，2023.12

ISBN 978-7-114-18770-4

Ⅰ.①2… Ⅱ.①中… Ⅲ.①交通运输业—统计资料—中国—2021—年鉴 Ⅳ.①F512.3-66

中国国家版本馆CIP数据核字(2023)第081216号

2021 Zhongguo Jiaotong Yunshu Tongji Nianjian

书　　名：	2021中国交通运输统计年鉴
著 作 者：	中华人民共和国交通运输部
责任编辑：	陈　鹏
责任校对：	孙国靖　刘　璇
责任印制：	张　凯
出版发行：	人民交通出版社股份有限公司
地　　址：	（100011）北京市朝阳区安定门外外馆斜街3号
网　　址：	http://www.ccpcl.com.cn
销售电话：	（010）59757973
总 经 销：	人民交通出版社股份有限公司发行部
经　　销：	各地新华书店
印　　刷：	北京印匠彩色印刷有限公司
开　　本：	880×1230　1/16
印　　张：	16.25
字　　数：	484千
版　　次：	2023年12月　第1版
印　　次：	2023年12月　第1次印刷
书　　号：	ISBN 978-7-114-18770-4
定　　价：	300.00元

（有印刷、装订质量问题的图书，由本公司负责调换

本书附同版本CD-ROM一张，光盘内容以书面文字为准）

《2021中国交通运输统计年鉴》
编委会和编辑工作人员

编 委 会

主　　任：	李小鹏	交通运输部	部　　长
副 主 任：	徐成光	交通运输部	副 部 长
编　　委：	李国平	交通运输部	安全总监
	蔡团结	交通运输部运输服务司	司　　长
	岑晏青	交通运输部科技司	司　　长
	王松波	交通运输部综合规划司	副 司 长
	王　雷	交通运输部救捞局	局　　长
	石宝林	交通运输部科学研究院	院　　长
	刘　昕	交通运输部规划研究院	院　　长

编辑工作人员

总 编 辑：徐成光

副 总 编 辑：王松波　潘凤明

编 辑 部 主 任：王广民

编辑部副主任：余高潮　狄　月

编 辑 人 员：高　博　林小平　刘秀华　张　慧　尚赞娣　周　健
　　　　　　　王望雄　宋晓丽　张若旗　张皖杉　王　园　周梦婕
　　　　　　　张雨希　李鹏起　陈　岩　夏　炎　林成功　李贺华
　　　　　　　武瑞利　徐瑞光　秦芬芬　张　杰　张怡君　张子晗
　　　　　　　陈　捷　张　赫　齐亚丽　周　薇　撒　蕾　王英平

编者说明

一、为全面反映我国公路、水路交通运输业发展状况，方便各界了解中国交通运输建设与发展现状，交通运输部组织编辑了《2021中国交通运输统计年鉴》，供社会广大读者作为资料性书籍使用。

二、《2021中国交通运输统计年鉴》收录了2021年交通运输主要指标数据，正文内容具体分为交通运输综合指标、公路运输、水路运输、城市客运、港口吞吐量、交通固定资产投资、交通运输科技、救助打捞8篇。各篇前设简要说明，概述本部分的主要内容、资料来源、统计范围、统计方法以及历史变动情况等；各篇末附主要统计指标解释；附录简要列示了1978年以来的交通运输主要指标。

三、本年鉴中公路运输、水路运输、城市客运、港口吞吐量、交通固定资产投资、交通运输科技、救助打捞数据来源于交通运输部综合规划司、运输服务司、科技司、救捞局、中国海上搜救中心、各省（自治区、直辖市）交通运输厅（局、委）、交通运输部所属单位、全国港口和有关运输企业；铁路运输相关指标来源于国家铁路局；航空运输主要指标来源于中国民用航空局；邮政行业主要指标来源于国家邮政局；个别指标数据引自国家统计局的统计资料。统计数据由交通运输部科学研究院信息中心负责整理和汇总。

四、本年鉴中所涉及的全国性统计资料，除国土面积外，均未包括香港、澳门特别行政区以及台湾省的数据。

五、本年鉴部分数据对因计算单位取舍不同或计算时四舍五入而产生的计算误差未做调整。

六、本年鉴的符号使用说明：

"-"表示该项数据因口径调整或变化幅度较大而不宜比较；

"…"表示该项数据不足最小单位数；

"#"表示其中的主要项；

"*"或"①、②…"表示有注解。

中华人民共和国交通运输部

二〇二二年九月

目录 CONTENTS

一、交通运输综合指标

　　简要说明 ……………………………………………………………………………（2）
　1-1　国民经济主要指标 ……………………………………………………………（3）
　1-2　交通运输主要指标 ……………………………………………………………（4）

二、公路运输

　　简要说明 ……………………………………………………………………………（8）
　2-1　全国公路里程（按行政等级分）……………………………………………（9）
　2-2　全国公路里程（按技术等级分）……………………………………………（10）
　2-3　国道里程（按技术等级分）…………………………………………………（11）
　2-4　省道里程（按技术等级分）…………………………………………………（12）
　2-5　县道里程（按技术等级分）…………………………………………………（13）
　2-6　乡道里程（按技术等级分）…………………………………………………（14）
　2-7　专用公路里程（按技术等级分）……………………………………………（15）
　2-8　村道里程（按技术等级分）…………………………………………………（16）
　2-9　全国公路里程（按路面类型分）……………………………………………（17）
　2-10　国道里程（按路面类型分）…………………………………………………（18）
　2-11　省道里程（按路面类型分）…………………………………………………（19）
　2-12　县道里程（按路面类型分）…………………………………………………（20）
　2-13　乡道里程（按路面类型分）…………………………………………………（21）
　2-14　专用公路里程（按路面类型分）……………………………………………（22）
　2-15　村道里程（按路面类型分）…………………………………………………（23）
　2-16　全国公路养护里程 ……………………………………………………………（24）
　2-17　全国公路绿化里程 ……………………………………………………………（25）
　2-18　全国高速公路里程 ……………………………………………………………（26）
　2-19　公路桥梁（按使用年限分）…………………………………………………（27）
　2-20　公路桥梁（按跨径分）………………………………………………………（28）
　2-21　公路隧道、渡口 ………………………………………………………………（30）
　2-22　全国公路营运车辆拥有量 ……………………………………………………（32）
　2-23　公路客、货运输量 ……………………………………………………………（34）
　2-24　公路交通拥挤度情况 …………………………………………………………（35）

2-25	道路运输经营业户数	(36)
2-26	道路运输相关业务经营业户数	(38)
2-27	道路客运线路班次	(39)
2-28	道路运输及相关行业从业人员数	(40)
2-29	机动车维修业及汽车综合性能检测站	(41)
2-30	2021年、2020年出入境汽车运输对比表	(42)
2-31	出入境汽车运输——分国家及我国香港、澳门特别行政区运输完成情况	(44)
2-32	出入境汽车运输——中方及内地完成运输情况	(46)
	主要统计指标解释	(48)

三、水路运输

	简要说明	(50)
3-1	全国内河航道通航里程（按技术等级分）	(51)
3-2	全国内河航道通航里程（按水系分）	(52)
3-3	各水系内河航道通航里程（按技术等级分）	(53)
3-4	全国内河航道枢纽及通航建筑物（按行政区域分）	(53)
3-5	全国水路运输工具拥有量	(54)
3-6	远洋运输工具拥有量	(58)
3-7	沿海运输工具拥有量	(62)
3-8	内河运输工具拥有量	(66)
3-9	水路客、货运输量	(70)
3-10	水路旅客运输量（按航区分）	(71)
3-11	水路货物运输量（按航区分）	(72)
3-12	海上险情及搜救活动	(73)
	主要统计指标解释	(74)

四、城市客运

	简要说明	(76)
4-1	全国城市客运经营业户	(77)
4-2	全国城市客运设施	(79)
4-3	全国公共汽电车数量	(80)
4-4	全国公共汽电车数量（按长度分）	(81)
4-5	全国公共汽电车数量（按燃料类型分）	(82)
4-6	全国公共汽电车数量（按排放标准分）	(83)
4-7	全国公共汽电车线路	(84)
4-8	全国公共汽电车客运量	(85)
4-9	全国巡游出租汽车车辆数	(86)
4-10	全国巡游出租汽车客运量	(87)
4-11	全国城市轨道交通配属车辆数	(88)
4-12	全国城市轨道交通运营线路条数	(89)
4-13	全国城市轨道交通运营里程	(90)
4-14	全国城市轨道交通客运量	(91)

4-15　全国城市客运轮渡船舶及航线数 ……………………………………………………（92）
4-16　全国城市客运轮渡运量 …………………………………………………………………（93）
　　　主要统计指标解释 …………………………………………………………………………（94）

五、港口吞吐量

　　　简要说明 ……………………………………………………………………………………（98）
5-1　全国港口生产用码头泊位拥有量（分省）……………………………………………………（99）
5-2　全国港口吞吐量（分省）…………………………………………………………………………（100）
5-3　全国港口货物吞吐量（分省）……………………………………………………………………（101）
5-4　全国港口旅客吞吐量（分港口）…………………………………………………………………（102）
5-5　全国港口货物吞吐量（分港口）…………………………………………………………………（107）
5-6　全国港口分货类吞吐量 …………………………………………………………………………（112）
5-7　沿海港口分货类吞吐量 …………………………………………………………………………（113）
5-8　内河港口分货类吞吐量 …………………………………………………………………………（114）
5-9　全国港口煤炭及制品吞吐量 ……………………………………………………………………（115）
5-10　全国港口石油、天然气及制品吞吐量 …………………………………………………………（120）
5-11　全国港口原油吞吐量 ……………………………………………………………………………（125）
5-12　全国港口金属矿石吞吐量 ………………………………………………………………………（130）
5-13　全国港口钢铁吞吐量 ……………………………………………………………………………（135）
5-14　全国港口矿建材料吞吐量 ………………………………………………………………………（140）
5-15　全国港口水泥吞吐量 ……………………………………………………………………………（145）
5-16　全国港口木材吞吐量 ……………………………………………………………………………（150）
5-17　全国港口非金属矿石吞吐量 ……………………………………………………………………（155）
5-18　全国港口化学肥料及农药吞吐量 ………………………………………………………………（160）
5-19　全国港口盐吞吐量 ………………………………………………………………………………（165）
5-20　全国港口粮食吞吐量 ……………………………………………………………………………（170）
5-21　全国港口机械、设备、电器吞吐量 ……………………………………………………………（175）
5-22　全国港口化工原料及制品吞吐量 ………………………………………………………………（180）
5-23　全国港口有色金属吞吐量 ………………………………………………………………………（185）
5-24　全国港口轻工、医药产品吞吐量 ………………………………………………………………（190）
5-25　全国港口农、林、牧、渔业产品吞吐量 ………………………………………………………（195）
5-26　全国港口其他吞吐量 ……………………………………………………………………………（200）
5-27　全国港口集装箱吞吐量 …………………………………………………………………………（205）
5-28　全国港口集装箱吞吐量（重箱）…………………………………………………………………（210）
　　　主要统计指标解释 …………………………………………………………………………………（215）

六、交通固定资产投资

　　　简要说明 ……………………………………………………………………………………………（218）
6-1　交通固定资产投资额（按地区和使用方向分）…………………………………………………（219）
6-2　公路建设投资完成额 ……………………………………………………………………………（220）
6-3　公路建设投资完成额（按设施分）………………………………………………………………（222）
　　　主要统计指标解释 …………………………………………………………………………………（224）

七、交通运输科技

　　简要说明 ··（226）
　　7-1　交通运输科技机构数量（按地区分）···（227）
　　7-2　交通运输科技人员结构···（228）
　　7-3　交通运输科技项目··（229）
　　7-4　交通运输科技成果、效益及影响情况··（230）
　　　　主要统计指标解释··（231）

八、救助打捞

　　简要说明 ··（234）
　　8-1　救助任务执行情况··（235）
　　8-2　救捞系统船舶拥有量··（236）
　　8-3　救助航空器飞行情况··（237）
　　8-4　捞、拖完成情况···（237）
　　　　主要统计指标解释··（238）

附录　交通运输历年主要指标

　　简要说明 ··（240）
　　附录1-1　全国公路总里程（按行政等级分）··（241）
　　附录1-2　全国公路总里程（按技术等级分）··（242）
　　附录1-3　全国内河航道里程及构筑物数量···（243）
　　附录1-4　公路客、货运输量···（244）
　　附录1-5　水路客、货运输量···（245）
　　附录2-1　全国沿海港口泊位及吞吐量··（247）
　　附录2-2　全国内河港口泊位及吞吐量··（248）
　　附录3-1　交通固定资产投资（按使用方向分）··（249）

一、交通运输综合指标

简要说明

本篇资料反映我国国民经济和交通运输的主要指标。

国民经济主要指标包括：国内生产总值、全社会固定资产投资额、全国人口数等。

交通运输主要指标包括：公路水路基础设施、港口设施、公路水路运输装备、公路水路运输量、城市客运、港口生产、交通固定资产投资等各专项指标。

1-1 国民经济主要指标

指　　标	单　位	2021年	2020年	2019年	2018年
一、国内生产总值（按当年价格计算）	亿元	1 143 670	1 013 567	986 515	919 281
第一产业	亿元	83 086	78 031	70 474	64 745
第二产业	亿元	450 905	383 562	380 671	364 835
第三产业	亿元	609 680	551 974	535 371	489 701
二、全社会固定资产投资额（不含农户）	亿元	544 547	518 907	504 212	478 460
第一产业	亿元	14 275	13 302	11 136	11 075
第二产业	亿元	167 395	149 154	149 005	144 455
第三产业	亿元	362 877	356 451	344 071	322 931
三、货物进出口总额	亿元	391 009	322 215	315 627	305 008
其中：出口	亿元	217 348	179 279	172 374	164 128
进口	亿元	173 661	142 936	143 254	140 880
四、社会消费品零售总额	亿元	440 823	391 981	408 017	377 783
五、全国一般公共预算收入	亿元	202 539	182 914	190 390	183 360
其中：税收收入	亿元	172 731	154 312	158 000	156 403
六、广义货币供应量（M2）余额	万亿元	238.3	218.7	198.6	182.7
七、全国总人口	万人	141 260	141 212	141 008	140 541
其中：城镇	万人	91 425	90 220	88 426	86 433
乡村	万人	49 835	50 992	52 582	54 108
八、社会物流总费用	万亿元	16.7	14.9	14.6	13.3
其中：运输	万亿元	9.0	7.8	7.7	6.9
全国社会物流总额	万亿元	335.2	300.1	298.0	283.1

注：1. 社会物流总费用源自中国物流与采购联合会。
　　2. 其他数据源自国家统计局，其中2021年数据为初步数据。

1-2 交通运输主要指标

指 标 名 称	计算单位	2021年	2020年	2021年比2020年增减	2021年为2020年 %
一、交通设施及运输线路拥有量					
1.铁路营业里程	万公里	15.00	14.63	0.37	102.5
其中：高铁营业里程	万公里	4.00	3.80	0.20	105.3
2.公路线路里程	万公里	528.07	519.81	8.26	101.6
其中：高速公路里程	万公里	16.91	16.10	0.81	105.0
二级及以上公路里程	万公里	72.36	70.24	2.13	103.0
等级公路里程	万公里	506.19	494.45	11.74	102.4
3.公路桥梁　数量	万座	96.11	91.28	4.84	105.3
长度	万米	7 380.21	6 628.55	751.66	111.3
4.公路隧道　数量	万处	2.33	2.13	0.20	109.2
长度	万米	2 469.89	2 199.93	269.96	112.3
5.公共汽电车运营线路总长度	万公里	159.38	148.21	11.17	107.5
其中：无轨电车	公里	1 247	1 284	−37	97.1
6.公交专用车道长度	公里	18 264	16 552	1 712	110.3
7.城市轨道交通运营里程	公里	8 736	7 355	1 381	118.8
8.内河航道通航里程	万公里	12.76	12.77	−0.004	99.97
其中：等级航道	万公里	6.72	6.73	−0.01	99.9
9.港口生产用码头泊位	个	20 867	22 142	−1 275	94.2
其中：沿海	个	5 419	5 461	−42	99.2
内河	个	15 448	16 681	−1 233	92.6
其中：万吨级及以上码头泊位	个	2 659	2 592	67	102.6
10.颁证运输机场	个	248	241	7	102.9
其中：定期航班通航机场	个	248	240	8	103.3
年旅客吞吐量达到1000万人次以上的机场	个	29	27	2	107.4
11.邮路总长度	万公里	1 192.70	1 187.44	5.26	100.4
其中：航空邮路	万公里	752.30	825.80	−73.50	91.1
铁路邮路	万公里	35.90	24.09	11.81	149.0
汽车邮路	万公里	404.10	336.46	67.64	120.1
12.邮政行业营业网点	万处	41.30	34.91	6.39	118.3
二、交通运输工具拥有量					
1.铁路					
客车	万辆	7.80	7.60	0.20	102.6
货车	万辆	96.60	91.20	5.40	105.9
机车	万台	2.17	2.20	−0.03	98.6
2.公路					
公路营运汽车	万辆	1 231.96	1 171.54	60.42	105.2
载客汽车	万辆	58.70	61.26	−2.56	95.8
	万客位	1 751.03	1 840.89	−89.85	95.1
载货汽车	万辆	1 173.26	1 110.28	62.98	105.7
	万吨位	17 099.50	15 784.17	1 315.33	108.3
私人汽车	万辆	26 152.02	24 291.19	1 860.83	107.7
载客汽车	万辆	24 074.19	22 333.81	1 740.38	107.8
其中：私人小轿车	万辆	15 730.78	13 992.93	1 737.85	112.4
载货汽车	万辆	2 022.34	1 907.28	115.06	106.0

1-2 (续表一)

指标名称	计算单位	2021年	2020年	2021年比2020年增减	2021年为2020年%
其他汽车	万辆	55.49	50.10	5.39	110.8
3.城市客运					
公共汽电车	万辆	70.94	70.44	0.51	100.7
	万标台	80.51	80.15	0.36	100.5
其中：无轨电车	辆	2 596	2 618	-22	99.2
城市轨道交通配属车辆	辆	57 286	49 424	7 862	115.9
巡游出租汽车	万辆	139.13	139.40	-0.27	99.8
客运轮渡船舶	艘	196	194	2	101.0
4.营业性民用运输轮驳船					
艘数	万艘	12.59	12.68	-0.09	99.3
净载重量	万吨	28 432.63	27 060.16	1 372.47	105.1
载客量	万客位	85.78	85.99	-0.22	99.7
集装箱箱位	万TEU	288.43	293.03	-4.59	98.4
总功率	万千瓦	7 306.84	7 174.62	132.22	101.8
（1）机动船					
艘数	万艘	11.80	11.79	0.01	100.1
净载重量	万吨	27 692.69	26 313.84	1 378.85	105.2
载客量	万客位	85.61	85.71	-0.10	99.9
集装箱箱位	万TEU	288.20	292.94	-4.74	98.4
总功率	万千瓦	7 306.84	7 174.62	132.22	101.8
（2）驳船					
艘数	万艘	0.79	0.89	-0.10	88.6
净载重量	万吨	739.93	746.32	-6.38	99.1
载客量	万客位	0.16	0.28	-0.12	57.0
集装箱箱位	万TEU	0.23	0.09	0.15	271.7
三、客货运输量					
营业性客运量	亿人	83.03	96.65	-13.63	85.9
营业性旅客周转量	亿人公里	19 758.15	19 251.47	506.68	102.6
营业性货运量	亿吨	521.60	464.40	57.20	112.3
营业性货物周转量	亿吨公里	218 181.32	196 760.95	21 420.37	110.9
1.铁路运输					
（1）客运量	亿人	26.12	22.04	4.08	118.5
其中：国家铁路	亿人	25.33	21.67	3.66	116.9
（2）旅客周转量	亿人公里	9 567.81	8 266.19	1 301.62	115.7
其中：国家铁路	亿人公里	9 559.09	8 258.10	1 300.99	115.8
（3）货运总发送量	亿吨	47.74	45.52	2.21	104.9
其中：国家铁路	亿吨	37.26	35.81	1.45	104.0
（4）货运总周转量	亿吨公里	33 238.00	30 514.46	2 723.54	108.9
其中：国家铁路	亿吨公里	29 950.01	27 397.83	2 552.18	109.3
2.公路运输					
（1）营业性公路客运量	亿人	50.87	68.94	-18.07	73.8
（2）营业性公路旅客周转量	亿人公里	3 627.54	4 641.01	-1 013.47	78.2
（3）营业性公路货运量	亿吨	391.39	342.64	48.75	114.2
（4）营业性公路货物周转量	亿吨公里	69 087.65	60 171.85	8 915.81	114.8
3.城市客运					
城市客运量	亿人次	993.84	871.92	121.91	114.0

1-2 (续表二)

指标 名 称	计算单位	2021年	2020年	2021年比2020年增减	2021年为2020年 %
其中：公共汽电车	亿人次	489.16	442.36	46.80	110.6
城市轨道交通	亿人次	237.27	175.90	61.36	134.9
巡游出租汽车	亿人次	266.90	253.27	13.63	105.4
客运轮渡	亿人次	0.51	0.39	0.12	130.5
4. 水路运输					
（1）营业性水路客运量	亿人	1.63	1.50	0.13	109.0
（2）营业性水路旅客周转量	亿人公里	33.11	32.99	0.13	100.4
（3）营业性水路货运量	亿吨	82.40	76.16	6.23	108.2
（4）营业性水路货物周转量	亿吨公里	115 577.51	105 834.44	9 743.06	109.2
5. 港口生产					
（1）港口货物吞吐量	亿吨	155.45	145.50	9.95	106.8
（2）港口外贸货物吞吐量	亿吨	46.97	44.96	2.02	104.5
（3）港口集装箱吞吐量	亿TEU	2.83	2.64	0.18	107.0
（4）港口旅客吞吐量	亿人	0.48	0.44	0.04	108.0
6. 民航					
（1）旅客运输量	亿人次	4.41	4.18	0.23	105.5
（2）旅客周转量	亿人公里	6 529.68	6 311.28	218.41	103.5
（3）货邮运输量	亿吨	0.07	0.07	0.01	108.2
（4）货邮周转量	亿吨公里	278.16	240.20	37.96	115.8
7. 邮政					
（1）邮政业务总量	亿元	13 698.30	21 053.20	—	125.1
（2）邮政函件业务	亿件	10.88	14.18	-3.30	76.7
（3）包裹业务	亿件	0.18	0.20	-0.02	89.8
（4）快递业务量	亿件	1 082.96	833.58	249.39	129.9
四、交通固定资产投资					
交通固定资产投资	亿元	36 219.81	34 783.27	1 436.53	104.1
1. 铁路固定资产投资	亿元	7 489.00	7 819.00	-330.00	95.8
2. 公路、水路固定资产投资	亿元	27 508.34	25 882.86	1 625.47	106.3
公路	亿元	25 995.33	24 524.84	1 470.49	106.0
其中：脱贫地区	亿元	7 581.65		—	—
其中：高速公路	亿元	15 151.22	13 479.40	1 671.82	112.4
普通国省道	亿元	5 608.81	5 298.05	310.77	105.9
农村公路	亿元	4 095.27	4 702.75	-607.48	87.1
水路	亿元	1 513.01	1 358.02	154.99	111.4
其中：内河	亿元	743.10	704.29	38.81	105.5
沿海	亿元	722.74	626.17	96.57	115.4
公路水路其他	亿元	1 222.47	1 081.41	141.06	113.0
3. 民航固定资产投资	亿元				
五、新增生产能力					
1. 铁路新增生产能力					
新线投产里程	公里	4 208	4 933	-725	85.3
其中：高速铁路	公里	2 168	2 521	-353	86.0
2. 公路、水路新增生产能力					
新、改（扩）建公路	公里	199 684	305 552	-105 868	65.4
新增及改善内河航道	公里	986	1 071	-85	92.1
新、改（扩）建码头泊位	个	708	584	124	121.2

二、公路运输

简 要 说 明

一、本篇资料反映我国公路基础设施、运输装备和公路运输发展的基本情况。主要包括：公路里程、民用汽车、营运车辆拥有量、公路客货运输量、交通量以及道路运输各统计情况。

二、公路里程为年末通车里程，不含在建和未正式投入使用的公路里程。从 2006 年起，村道正式纳入公路里程统计。农村公路（县、乡、村道）的行政等级依据《全国农村公路统计标准》确定。

三、按照《国家公路网规划（2013 年—2030 年）》，结合各省（自治区、直辖市）路网调整情况，本资料中国道、省道、县道、乡道、村道里程的统计口径做了部分调整。

四、从 2010 年起，由交通运输部门管理的公共汽电车、巡游出租汽车，不再纳入公路载客汽车统计。该部分数据纳入城市客运运力统计。

五、从 2013 年起，公路营运载货汽车包括货车、牵引车和挂车。

六、全国民用车辆拥有量由国家统计局提供。全国公路营运车辆拥有量根据各省（自治区、直辖市）运输管理部门登记的车辆资料整理，由各省（自治区、直辖市）交通运输厅（局、委）提供。

七、公路运输量统计范围为在道路运输管理部门注册登记从事公路运输的营业性运输工具产生的运输量，包括营业性客运车辆运输量和营业性货运车辆运输量。在公路上进行旅客运输的公共汽电车、巡游出租汽车不纳入公路运输量的统计范围。

八、出入境汽车运输量统计的是由中、外双方承运者完成的，通过我国已开通汽车运输边境口岸公路的旅客、货物运输量。

九、各地区年平均日交通量是根据各观测路段年平均日交通量加权平均计算得出。目前，各路段年平均日交通量是根据抽样调查方法取得。当观测里程发生变化时，将对年平均日交通量的计算结果产生一定影响。

十、从 2014 年起，行驶量计算方法由"机动车当量数"与"公路总里程"的乘积调整为"机动车当量数"与"公路总观测里程"的乘积。

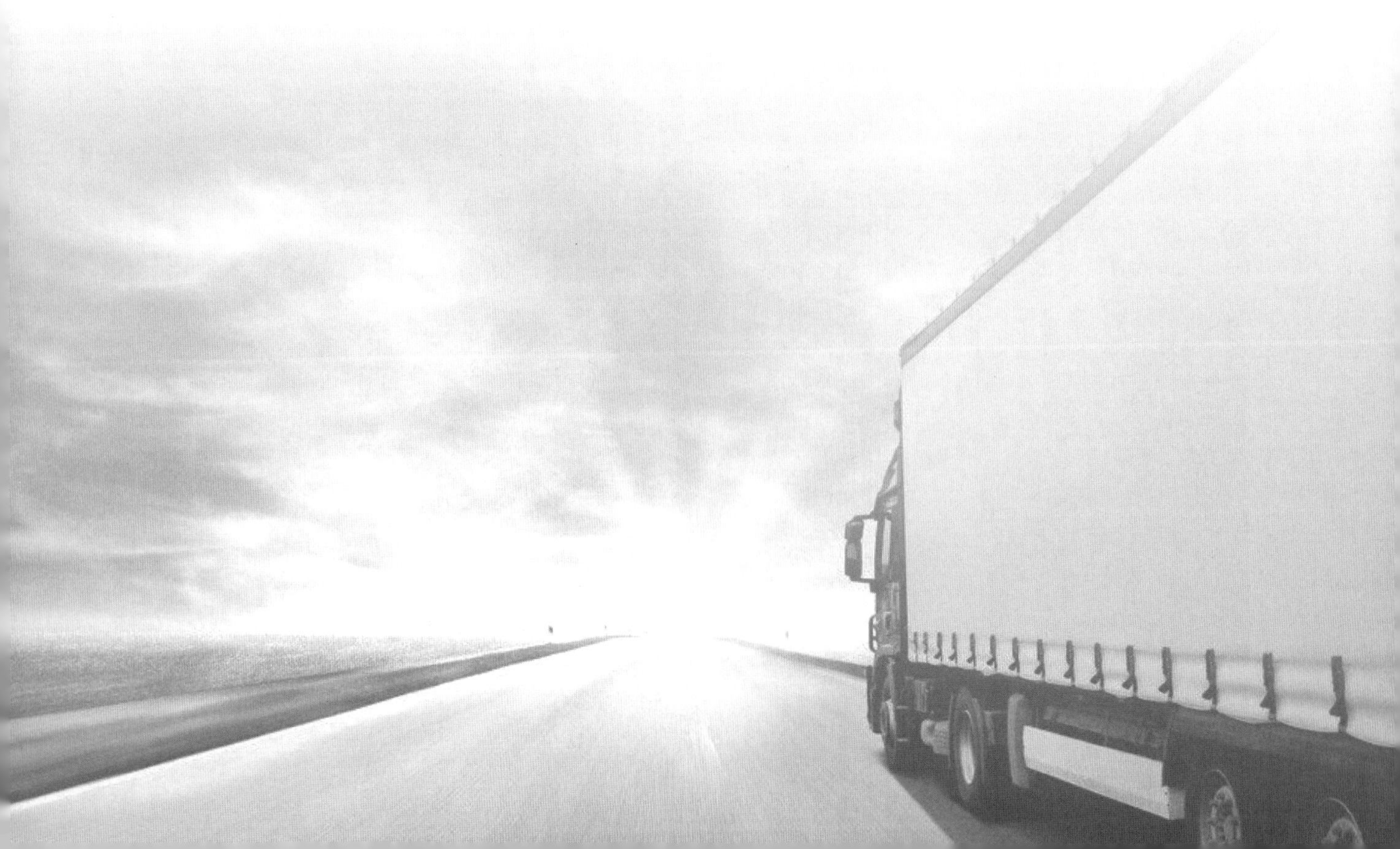

2-1 全国公路里程（按行政等级分）

单位：公里

地区	总计	国道	国家高速公路	省道	县道	乡道	专用公路	村道
全国总计	5 280 708	375 384	116 967	387 532	679 493	1 223 044	51 756	2 563 498
北京	22 320	1 930	683	2 111	3 902	7 344	1 501	5 532
天津	15 307	1 527	603	2 549	1 259	3 628		6 344
河北	207 170	15 953	5 553	12 330	11 727	46 460	371	120 329
山西	144 617	11 403	3 508	6 907	21 126	47 304	239	57 638
内蒙古	212 603	22 369	5 913	17 595	39 717	40 369	963	91 590
辽宁	131 588	10 669	3 559	10 460	8 710	29 966	814	70 968
吉林	108 691	10 895	3 662	4 904	10 711	28 287	1 138	52 756
黑龙江	168 354	14 720	3 385	13 173	19 547	36 622	17 259	67 033
上海	13 082	729	477	1 144	3 337	6 441		1 431
江苏	158 036	8 408	3 448	9 384	25 396	56 578		58 269
浙江	123 885	8 077	3 549	5 179	29 760	19 976	555	60 338
安徽	237 411	11 172	3 711	17 180	32 980	42 747	17	133 315
福建	111 031	11 179	4 033	5 686	14 911	41 557	123	37 575
江西	211 101	12 017	4 320	12 906	21 225	40 758	16	124 178
山东	288 143	13 470	5 053	13 784	28 561	38 600	1 457	192 270
河南	271 570	13 990	4 270	24 127	27 570	59 456		146 427
湖北	296 922	14 306	4 946	20 366	28 598	85 038	440	148 175
湖南	241 940	13 781	4 959	24 501	36 396	57 605	1 001	108 656
广东	222 987	15 253	6 043	24 091	27 689	68 891		87 062
广西	160 637	15 516	4 580	11 547	17 877	28 727	11	86 958
海南	41 046	2 516	1 136	2 312	2 233	6 803	14	27 166
重庆	184 106	8 313	2 875	10 679	7 095	13 013	329	144 678
四川	398 899	22 702	5 335	24 661	62 157	103 739		185 640
贵州	207 190	12 080	3 661	22 091	35 898	48 603		88 519
云南	300 890	21 249	6 076	15 887	63 615	106 741	257	93 141
西藏	120 132	14 442	407	15 216	19 278	12 658	17 132	41 406
陕西	183 414	14 598	5 716	11 965	19 164	25 205	267	112 215
甘肃	156 583	14 077	4 594	17 318	23 756	27 323	71	74 038
青海	86 152	13 044	3 221	8 757	9 182	22 151	1 543	31 475
宁夏	37 577	4 056	1 685	2 947	823	9 124	1 564	19 063
新疆	217 326	20 945	6 006	15 775	25 292	61 332	4 672	89 310

二、公路运输

2-2 全国公路里程（按技术等级分）

单位：公里

地区	总计	等级公路 合计	高速	一级	二级	三级	四级	等外公路
全国总计	5 280 708	5 061 899	169 071	128 162	426 417	467 100	3 871 149	218 809
北京	22 320	22 320	1 177	1 400	4 012	4 104	11 627	
天津	15 307	15 302	1 325	1 431	2 031	1 069	9 446	5
河北	207 170	207 112	8 084	7 450	22 130	22 514	146 934	58
山西	144 617	143 667	5 763	2 841	16 020	21 329	97 715	950
内蒙古	212 603	208 632	6 985	8 984	20 817	31 187	140 659	3 972
辽宁	131 588	127 173	4 348	4 245	18 940	29 405	70 235	4 415
吉林	108 691	104 783	4 315	2 233	9 767	9 725	78 742	3 909
黑龙江	168 354	145 455	4 520	3 291	12 573	33 434	91 637	22 899
上海	13 082	13 082	851	480	3 893	2 562	5 297	
江苏	158 036	158 036	5 023	16 038	24 161	17 264	95 549	
浙江	123 885	123 885	5 200	8 105	10 860	10 590	89 131	
安徽	237 411	237 388	5 146	6 171	13 874	21 606	190 590	23
福建	111 031	97 876	5 810	1 504	11 742	9 656	69 164	13 155
江西	211 101	205 655	6 309	3 186	12 612	18 213	165 335	5 446
山东	288 143	288 123	7 477	12 521	26 638	36 659	204 828	21
河南	271 570	264 606	7 190	4 862	30 086	21 177	201 291	6 963
湖北	296 922	292 721	7 378	7 569	25 015	8 923	243 836	4 201
湖南	241 940	231 019	7 083	3 054	16 386	6 324	198 172	10 921
广东	222 987	222 779	11 042	12 421	19 374	23 945	155 997	208
广西	160 637	153 292	7 348	1 890	15 634	9 683	118 737	7 345
海南	41 046	40 891	1 265	501	2 065	1 919	35 140	155
重庆	184 106	171 559	3 839	1 209	9 553	6 661	150 297	12 548
四川	398 899	384 891	8 608	4 617	17 534	15 879	338 252	14 008
贵州	207 190	188 797	8 010	1 459	10 670	6 350	162 308	18 392
云南	300 890	281 614	9 947	1 715	13 209	10 915	245 827	19 276
西藏	120 132	100 820	407	587	1 089	14 565	84 172	19 312
陕西	183 414	173 045	6 484	2 180	10 359	15 371	138 652	10 370
甘肃	156 583	152 434	5 540	1 166	11 035	14 532	120 162	4 148
青海	86 152	74 669	3 503	598	9 116	5 211	56 241	11 483
宁夏	37 577	37 568	2 079	2 003	4 263	5 501	23 722	9
新疆	217 326	192 708	7 014	2 450	20 961	30 827	131 456	24 618

2-3 国道里程(按技术等级分)

单位:公里

地区	总计	等级公路 合计	高速	一级	二级	三级	四级	等外公路
全国总计	375 384	374 573	117 458	57 221	148 243	39 451	12 202	811
北　京	1 930	1 930	768	463	539	161		
天　津	1 527	1 527	603	630	269	20	4	
河　北	15 953	15 953	5 553	3 867	5 682	812	40	
山　西	11 403	11 400	3 508	1 360	5 702	702	128	3
内蒙古	22 369	22 369	5 913	4 790	8 342	2 582	742	
辽　宁	10 669	10 669	3 559	1 911	5 062	138		
吉　林	10 895	10 895	3 662	1 415	5 178	512	128	
黑龙江	14 720	14 690	3 389	2 402	6 701	1 910	288	31
上　海	729	729	477	83	169			
江　苏	8 408	8 408	3 453	4 337	618			
浙　江	8 077	8 077	3 549	2 609	1 651	99	169	
安　徽	11 172	11 172	3 711	3 454	3 465	533	9	
福　建	11 179	11 179	4 040	647	5 352	782	358	
江　西	12 017	12 017	4 320	1 934	5 245	396	123	
山　东	13 470	13 470	5 053	5 695	2 624	99		
河　南	13 990	13 978	4 270	3 102	5 997	462	146	12
湖　北	14 306	14 303	4 946	2 979	5 879	211	288	3
湖　南	13 781	13 781	4 959	1 304	6 233	723	563	
广　东	15 253	15 253	6 068	3 998	4 299	657	231	
广　西	15 516	15 501	4 580	1 439	8 148	991	343	16
海　南	2 516	2 516	1 136	183	1 153	44		
重　庆	8 313	8 313	2 875	507	4 413	370	148	
四　川	22 702	22 589	5 337	2 072	9 647	4 273	1 259	113
贵　州	12 080	12 080	3 661	985	6 125	813	496	
云　南	21 249	21 243	6 076	1 108	7 998	3 202	2 859	6
西　藏	14 442	14 299	407	529	1 003	10 511	1 849	143
陕　西	14 598	14 577	5 716	1 172	5 111	2 163	416	21
甘　肃	14 077	14 000	4 795	425	6 983	1 384	413	77
青　海	13 044	12 775	3 269	240	6 976	1 255	1 034	269
宁　夏	4 056	4 056	1 685	430	1 841	100	…	
新　疆	20 945	20 826	6 121	1 153	9 838	3 544	170	119

2-4 省道里程（按技术等级分）

单位：公里

地区	总计	等级公路 合计	高速	一级	二级	三级	四级	等外公路
全国总计	387 532	382 114	51 329	38 476	128 918	77 156	86 235	5 419
北京	2 111	2 111	409	533	1 020	150		
天津	2 549	2 549	721	723	983	121		
河北	12 330	12 330	2 532	2 571	6 211	1 016		
山西	6 907	6 907	2 255	585	3 354	555	158	
内蒙古	17 595	17 579	1 072	2 837	5 869	5 581	2 220	16
辽宁	10 460	10 455	789	1 344	7 563	729	30	5
吉林	4 904	4 890	653	469	2 061	1 318	389	14
黑龙江	13 173	13 059	1 072	459	4 160	5 306	2 062	114
上海	1 144	1 144	374	227	523	20		
江苏	9 384	9 384	1 564	5 739	1 956	125		
浙江	5 179	5 179	1 651	1 443	1 450	440	195	
安徽	17 180	17 156	1 435	2 342	5 734	5 462	2 183	23
福建	5 686	5 686	1 745	339	2 088	897	618	
江西	12 906	12 807	1 973	865	5 833	2 729	1 408	99
山东	13 784	13 784	2 424	4 348	6 373	618	21	
河南	24 127	24 009	2 920	1 755	11 217	4 318	3 799	118
湖北	20 366	20 345	2 342	2 059	12 850	1 109	1 984	21
湖南	24 501	24 448	2 124	840	7 184	2 097	12 203	52
广东	24 091	24 068	4 974	3 493	6 862	5 713	3 025	23
广西	11 547	11 522	2 759	225	4 798	1 558	2 183	25
海南	2 312	2 312	129	304	756	617	506	
重庆	10 679	10 668	964	241	3 477	3 281	2 705	11
四川	24 661	24 077	3 197	1 220	4 801	5 149	9 709	584
贵州	22 091	21 590	4 349	430	3 716	3 089	10 006	500
云南	15 887	15 809	3 871	242	3 742	2 410	5 543	78
西藏	15 216	13 266		52	84	3 381	9 749	1 950
陕西	11 965	11 959	768	594	2 663	4 303	3 631	6
甘肃	17 318	17 037	745	545	2 548	6 381	6 818	281
青海	8 757	8 091	234	355	1 587	2 302	3 613	666
宁夏	2 947	2 947	394	329	795	1 362	66	
新疆	15 775	14 942	888	966	6 660	5 020	1 408	833

2-5　县道里程（按技术等级分）

单位：公里

地区	总计	等级公路 合计	高速	一级	二级	三级	四级	等外公路
全国总计	679 493	668 227	105	18 380	87 689	174 373	387 680	11 265
北　京	3 902	3 902		389	1 254	2 136	124	
天　津	1 259	1 254		78	361	625	190	5
河　北	11 727	11 727		253	4 679	5 627	1 168	
山　西	21 126	21 126		410	4 660	11 573	4 482	
内蒙古	39 717	39 025		792	4 009	14 319	19 905	693
辽　宁	8 710	8 710		822	5 034	2 799	55	
吉　林	10 711	10 607		134	1 772	5 221	3 480	105
黑龙江	19 547	18 994		104	670	10 015	8 205	553
上　海	3 337	3 337		170	2 131	1 030	7	
江　苏	25 396	25 396	6	4 162	11 957	7 959	1 313	
浙　江	29 760	29 760		3 883	5 977	5 841	14 059	
安　徽	32 980	32 980		175	2 919	11 067	18 819	
福　建	14 911	14 294	26	364	2 704	4 921	6 280	617
江　西	21 225	20 991		181	904	11 067	8 840	235
山　东	28 561	28 561		1 545	9 656	13 352	4 009	
河　南	27 570	27 209		4	7 961	8 327	10 917	361
湖　北	28 598	28 498		866	3 727	4 388	19 517	100
湖　南	36 396	36 165		501	2 289	2 801	30 574	231
广　东	27 689	27 689		1 467	3 072	7 209	15 942	
广　西	17 877	17 710		151	2 114	5 442	10 002	167
海　南	2 233	2 233		9	77	985	1 162	
重　庆	7 095	7 069		88	646	1 520	4 815	26
四　川	62 157	60 479	73	818	2 289	4 606	52 693	1 678
贵　州	35 898	35 004		34	600	2 097	32 273	894
云　南	63 615	62 921		314	1 297	4 655	56 654	694
西　藏	19 278	18 307				243	18 064	971
陕　西	19 164	18 893		234	1 469	5 455	11 735	271
甘　肃	23 756	23 164		145	892	5 285	16 842	591
青　海	9 182	8 307			196	1 083	7 027	875
宁　夏	823	823		111	115	552	46	
新　疆	25 292	23 093		177	2 262	12 171	8 483	2 199

2-6 乡道里程（按技术等级分）

单位：公里

地区	总计	等级公路						等外公路
		合计	高速	一级	二级	三级	四级	
全国总计	1 223 044	1 177 873		7 703	31 745	111 783	1 026 641	45 171
北京	7 344	7 344		13	474	1 097	5 759	
天津	3 628	3 628			222	170	3 235	
河北	46 460	46 420		528	3 546	11 680	30 666	40
山西	47 304	47 104		343	1 409	5 666	39 687	199
内蒙古	40 369	40 053		384	1 232	4 559	33 878	317
辽宁	29 966	29 966		48	808	21 659	7 452	
吉林	28 287	27 687		108	365	1 924	25 290	600
黑龙江	36 622	33 894		62	371	7 516	25 945	2 728
上海	6 441	6 441			1 041	1 441	3 959	
江苏	56 578	56 578		1 189	5 488	5 712	44 189	
浙江	19 976	19 976		85	750	2 178	16 964	
安徽	42 747	42 747		38	641	2 326	39 743	
福建	41 557	37 970		152	1 301	2 523	33 993	3 586
江西	40 758	39 539		124	260	2 247	36 909	1 219
山东	38 600	38 600		344	3 266	11 737	23 254	
河南	59 456	57 940			2 970	6 062	48 908	1 516
湖北	85 038	83 803		557	1 064	2 123	80 059	1 234
湖南	57 605	56 771		348	467	507	55 449	834
广东	68 891	68 824		2 672	2 765	6 001	57 385	67
广西	28 727	28 213		60	452	1 208	26 492	514
海南	6 803	6 722		3	60	149	6 510	82
重庆	13 013	12 528		7	115	468	11 939	484
四川	103 739	98 626		102	298	1 038	97 187	5 112
贵州	48 603	45 955		6	94	215	45 640	2 648
云南	106 741	99 036		27	96	486	98 427	7 704
西藏	12 658	11 890		6		90	11 795	768
陕西	25 205	24 142		31	329	2 082	21 699	1 063
甘肃	27 323	25 943		23	316	915	24 690	1 380
青海	22 151	19 090			13	280	18 797	3 062
宁夏	9 124	9 124		421	713	2 601	5 389	
新疆	61 332	51 317		23	819	5 123	45 352	10 015

2-7 专用公路里程（按技术等级分）

单位：公里

地区	总计	等级公路 合计	高速	一级	二级	三级	四级	等外公路
全国总计	51 756	35 332	179	1 039	2 891	6 183	25 040	16 424
北　京	1 501	1 501			633	268	601	
天　津								
河　北	371	371		31	47	85	208	
山　西	239	239		6	29	133	71	
内蒙古	963	963		26	145	218	574	
辽　宁	814	798		11	69	351	367	16
吉　林	1 138	1 054		12		17	1 026	83
黑龙江	17 259	8 538	59	188	237	2 237	5 817	8 721
上　海								
江　苏								
浙　江	555	555		7	52	109	387	
安　徽	17	17					17	
福　建	123	117			11	6	100	6
江　西	16	16	16					
山　东	1 457	1 457		21	35	205	1 196	
河　南								
湖　北	440	440	90		13	12	324	
湖　南	1 001	818		7	6	7	799	183
广　东								
广　西	11	11	8	3				
海　南	14	14					14	
重　庆	329	293		3	20	27	243	36
四　川								
贵　州								
云　南	257	186				39	147	71
西　藏	17 132	11 184			3	298	10 883	5 948
陕　西	267	232		20	160	4	47	36
甘　肃	71	30			4	1	24	42
青　海	1 543	1 085		2	204	138	740	458
宁　夏	1 564	1 564		588	381	102	493	
新　疆	4 672	3 846	5	114	842	1 924	961	826

2-8 村道里程（按技术等级分）

单位：公里

地区	总计	等级公路						等外公路
		合计	高速	一级	二级	三级	四级	
全国总计	2 563 498	2 423 779		5 342	26 931	58 155	2 333 352	139 719
北京	5 532	5 532		2	94	293	5 143	
天津	6 344	6 344			195	133	6 017	
河北	120 329	120 311		200	1 966	3 293	114 852	18
山西	57 638	56 891		137	866	2 700	53 189	748
内蒙古	91 590	88 644		155	1 220	3 929	83 340	2 946
辽宁	70 968	66 574		109	404	3 730	62 331	4 394
吉林	52 756	49 649		95	391	733	48 430	3 107
黑龙江	67 033	56 280		77	434	6 449	49 321	10 753
上海	1 431	1 431			30	70	1 331	
江苏	58 269	58 269		611	4 142	3 468	50 048	
浙江	60 338	60 338		79	980	1 923	57 357	
安徽	133 315	133 315		163	1 116	2 218	129 820	
福建	37 575	28 629		1	287	527	27 814	8 946
江西	124 178	120 285		83	370	1 775	118 056	3 893
山东	192 270	192 250		568	4 685	10 648	176 349	21
河南	146 427	141 470			1 940	2 008	137 521	4 957
湖北	148 175	145 331		1 108	1 481	1 078	141 665	2 844
湖南	108 656	99 035		55	208	188	98 584	9 621
广东	87 062	86 945		791	2 375	4 365	79 413	118
广西	86 958	80 335		12	123	483	79 717	6 623
海南	27 166	27 093		3	19	125	26 947	73
重庆	144 678	132 687		363	883	994	130 447	11 991
四川	185 640	179 120		405	499	813	177 403	6 520
贵州	88 519	74 168		4	136	136	73 893	14 350
云南	93 141	82 418		24	75	124	82 196	10 723
西藏	41 406	31 873				42	31 832	9 533
陕西	112 215	103 242		129	627	1 363	101 123	8 973
甘肃	74 038	72 260		29	291	566	71 374	1 778
青海	31 475	25 321			138	152	25 031	6 153
宁夏	19 063	19 054		124	419	783	17 728	9
新疆	89 310	78 683		16	540	3 045	75 082	10 627

2-9 全国公路里程（按路面类型分）

单位：公里

地区	总计	有铺装路面（高级）			简易铺装路面（次高级）	未铺装路面（中级、低级、无路面）
		合计	沥青混凝土	水泥混凝土		
全国总计	5 280 708	4 496 716	1 295 638	3 201 078	277 591	506 401
北京	22 320	22 320	18 033	4 287		
天津	15 307	15 302	11 624	3 678		5
河北	207 170	196 442	76 177	120 265	6 096	4 632
山西	144 617	126 889	50 846	76 044	10 265	7 462
内蒙古	212 603	163 240	84 761	78 479	8 247	41 116
辽宁	131 588	96 143	66 154	29 989	19 455	15 991
吉林	108 691	94 843	31 398	63 445	26	13 823
黑龙江	168 354	127 132	17 686	109 446	515	40 708
上海	13 082	13 082	7 981	5 101		
江苏	158 036	158 036	62 905	95 131		
浙江	123 885	121 705	48 462	73 242	1 750	431
安徽	237 411	236 657	41 659	194 997	322	432
福建	111 031	95 986	9 954	86 032	1 193	13 851
江西	211 101	205 264	29 849	175 415	578	5 259
山东	288 143	239 120	111 279	127 841	44 302	4 721
河南	271 570	253 514	57 736	195 779	11 510	6 545
湖北	296 922	275 179	39 676	235 503	7 572	14 171
湖南	241 940	226 382	30 240	196 141	1 101	14 457
广东	222 987	222 320	27 832	194 488	575	92
广西	160 637	136 829	17 055	119 774	9 600	14 209
海南	41 046	40 827	4 574	36 253	51	167
重庆	184 106	144 939	26 160	118 780	5 974	33 193
四川	398 899	368 586	64 830	303 756	5 200	25 113
贵州	207 190	170 244	33 740	136 504	25 970	10 975
云南	300 890	239 593	72 608	166 985	2 752	58 544
西藏	120 132	48 355	34 536	13 819	548	71 229
陕西	183 414	156 863	45 749	111 113	8 234	18 317
甘肃	156 583	115 552	38 315	77 237	25 324	15 706
青海	86 152	50 083	17 016	33 066	2 488	33 582
宁夏	37 577	33 099	19 664	13 435	1 762	2 716
新疆	217 326	102 191	97 139	5 052	76 180	38 954

2-10 国道里程（按路面类型分）

单位：公里

地区	总计	有铺装路面（高级）			简易铺装路面（次高级）	未铺装路面（中级、低级、无路面）
		合计	沥青混凝土	水泥混凝土		
全国总计	375 384	362 592	329 417	33 175	8 581	4 211
北京	1 930	1 930	1 930			
天津	1 527	1 527	1 520	7		
河北	15 953	15 816	15 574	242	137	
山西	11 403	11 244	10 798	446	152	6
内蒙古	22 369	21 348	20 971	377	531	489
辽宁	10 669	10 581	10 577	4	88	
吉林	10 895	10 810	10 053	757		85
黑龙江	14 720	14 327	8 406	5 921	79	314
上海	729	729	729			
江苏	8 408	8 408	8 384	23		
浙江	8 077	8 077	7 872	205		
安徽	11 172	11 172	10 712	459		
福建	11 179	11 163	6 120	5 043	16	
江西	12 017	11 987	11 059	929	28	2
山东	13 470	13 469	13 306	163	1	
河南	13 990	13 927	13 165	762	51	12
湖北	14 306	13 838	12 502	1 336	443	25
湖南	13 781	13 755	11 517	2 238	7	19
广东	15 253	15 239	9 857	5 383	14	
广西	15 516	14 295	9 763	4 532	1 209	13
海南	2 516	2 516	2 081	435		
重庆	8 313	8 267	7 910	357	46	
四川	22 702	22 397	21 113	1 284	101	204
贵州	12 080	11 237	11 204	33	843	
云南	21 249	20 513	19 785	728	485	251
西藏	14 442	13 193	12 957	236	143	1 107
陕西	14 598	14 431	13 719	711	140	27
甘肃	14 077	13 110	13 000	110	756	211
青海	13 044	11 386	11 035	351	498	1 160
宁夏	4 056	4 023	4 003	20	32	
新疆	20 945	17 877	17 797	80	2 781	287

2-11 省道里程（按路面类型分）

单位：公里

地区	总计	有铺装路面（高级）			简易铺装路面（次高级）	未铺装路面（中级、低级、无路面）
		合计	沥青混凝土	水泥混凝土		
全国总计	387 532	338 550	251 992	86 559	30 742	18 241
北京	2 111	2 111	2 108	3		
天津	2 549	2 549	2 540	9		
河北	12 330	12 235	11 951	284	95	
山西	6 907	6 793	6 525	269	114	
内蒙古	17 595	15 660	13 658	2 002	844	1 091
辽宁	10 460	10 189	10 133	56	242	29
吉林	4 904	4 783	3 776	1 008		121
黑龙江	13 173	11 965	3 688	8 278	109	1 098
上海	1 144	1 144	1 143	1		
江苏	9 384	9 384	9 269	115		
浙江	5 179	5 179	4 806	374		
安徽	17 180	17 014	12 271	4 743	129	36
福建	5 686	5 585	2 571	3 014	101	
江西	12 906	12 737	9 408	3 329	160	10
山东	13 784	13 784	13 588	196		
河南	24 127	22 633	17 429	5 203	1 313	181
湖北	20 366	18 912	13 409	5 503	1 209	245
湖南	24 501	23 240	10 100	13 141	797	464
广东	24 091	23 832	9 422	14 409	168	92
广西	11 547	9 684	5 027	4 657	1 801	61
海南	2 312	2 312	1 506	806	1	
重庆	10 679	10 381	7 980	2 401	287	11
四川	24 661	21 884	14 774	7 110	1 203	1 573
贵州	22 091	11 727	10 042	1 685	9 337	1 027
云南	15 887	14 686	13 747	938	725	476
西藏	15 216	8 166	7 895	271	158	6 892
陕西	11 965	11 401	8 786	2 615	496	68
甘肃	17 318	10 303	7 681	2 622	6 023	992
青海	8 757	5 112	3 670	1 442	1 016	2 629
宁夏	2 947	2 588	2 538	50	359	
新疆	15 775	10 577	10 551	26	4 054	1 144

2-12 县道里程（按路面类型分）

单位：公里

地区	总计	有铺装路面（高级）			简易铺装路面（次高级）	未铺装路面（中级、低级、无路面）
		合计	沥青混凝土	水泥混凝土		
全国总计	679 493	589 325	269 082	320 244	48 619	41 549
北京	3 902	3 902	3 834	68		
天津	1 259	1 254	1 240	14		5
河北	11 727	11 212	8 597	2 615	433	82
山西	21 126	18 269	14 412	3 857	2 670	187
内蒙古	39 717	31 231	20 731	10 500	3 285	5 202
辽宁	8 710	8 002	7 908	93	690	18
吉林	10 711	10 191	6 116	4 075		520
黑龙江	19 547	17 178	2 210	14 968	69	2 300
上海	3 337	3 337	3 097	240		
江苏	25 396	25 396	20 744	4 652		
浙江	29 760	28 911	19 326	9 585	849	
安徽	32 980	32 905	10 371	22 534		75
福建	14 911	13 928	778	13 150	270	713
江西	21 225	20 762	4 791	15 971	215	248
山东	28 561	26 637	22 505	4 132	1 877	47
河南	27 570	26 573	11 773	14 800	638	359
湖北	28 598	25 918	5 979	19 939	1 861	819
湖南	36 396	35 813	5 165	30 647	156	427
广东	27 689	27 602	2 303	25 299	87	
广西	17 877	12 670	1 153	11 517	4 954	253
海南	2 233	2 182	514	1 668	50	1
重庆	7 095	6 679	2 994	3 686	313	103
四川	62 157	57 481	17 174	40 307	1 589	3 088
贵州	35 898	25 608	8 464	17 144	9 779	510
云南	63 615	54 121	29 371	24 750	1 277	8 217
西藏	19 278	9 212	6 920	2 291	90	9 976
陕西	19 164	18 185	10 211	7 975	553	426
甘肃	23 756	16 280	7 675	8 605	5 194	2 282
青海	9 182	5 874	805	5 070	448	2 859
宁夏	823	675	673	2	117	31
新疆	25 292	11 337	11 250	87	11 155	2 800

2-13　乡道里程（按路面类型分）

单位：公里

地区	总计	有铺装路面（高级）			简易铺装路面（次高级）	未铺装路面（中级、低级、无路面）
		合计	沥青混凝土	水泥混凝土		
全国总计	1 223 044	1 049 133	202 936	846 197	68 356	105 555
北京	7 344	7 344	5 666	1 678		
天津	3 628	3 628	2 895	733		
河北	46 460	43 778	18 211	25 567	2 160	522
山西	47 304	40 255	11 013	29 242	4 119	2 929
内蒙古	40 369	31 363	12 677	18 685	2 221	6 786
辽宁	29 966	22 520	18 978	3 541	7 052	395
吉林	28 287	26 162	7 399	18 762		2 126
黑龙江	36 622	30 439	1 044	29 395	138	6 045
上海	6 441	6 441	2 522	3 919		
江苏	56 578	56 578	14 907	41 671		
浙江	19 976	19 322	6 411	12 911	635	18
安徽	42 747	42 576	3 759	38 816	39	132
福建	41 557	37 202	398	36 803	522	3 833
江西	40 758	39 400	2 718	36 682	133	1 225
山东	38 600	34 293	18 979	15 313	4 041	266
河南	59 456	55 885	8 966	46 919	2 063	1 508
湖北	85 038	77 052	3 831	73 221	2 416	5 570
湖南	57 605	55 273	2 033	53 240	65	2 266
广东	68 891	68 718	4 307	64 411	173	
广西	28 727	26 202	607	25 595	1 165	1 360
海南	6 803	6 708	323	6 385		96
重庆	13 013	11 409	1 790	9 620	979	624
四川	103 739	95 710	6 144	89 566	1 085	6 944
贵州	48 603	43 515	2 782	40 733	3 625	1 463
云南	106 741	79 592	8 063	71 529	193	26 956
西藏	12 658	4 975	2 798	2 177	43	7 641
陕西	25 205	22 820	6 572	16 249	944	1 441
甘肃	27 323	18 783	2 915	15 869	4 154	4 386
青海	22 151	15 351	638	14 713	222	6 578
宁夏	9 124	7 901	5 850	2 052	622	601
新疆	61 332	17 941	17 741	200	29 547	13 845

2-14 专用公路里程（按路面类型分）

单位：公里

地 区	总 计	有铺装路面（高级）			简易铺装路面（次高级）	未铺装路面（中级、低级、无路面）
		合 计	沥青混凝土	水泥混凝土		
全国总计	51 756	20 448	9 639	10 809	2 854	28 454
北　京	1 501	1 501	1 335	167		
天　津						
河　北	371	303	215	88	66	3
山　西	239	174	102	72	65	
内蒙古	963	508	357	151	35	421
辽　宁	814	254	237	17	263	296
吉　林	1 138	174	41	133		963
黑龙江	17 259	7 687	1 136	6 551	19	9 553
上　海						
江　苏						
浙　江	555	493	195	298	41	20
安　徽	17	17	16	1		
福　建	123	94		94	9	21
江　西	16	16	16			
山　东	1 457	896	804	92	548	13
河　南						
湖　北	440	327	126	201	24	89
湖　南	1 001	749	12	737		252
广　东						
广　西	11	11		11		
海　南	14	14		14		
重　庆	329	249	81	168	13	67
四　川						
贵　州						
云　南	257	129	5	124	38	91
西　藏	17 132	2 651	1 309	1 342	27	14 453
陕　西	267	202	169	33	14	52
甘　肃	71	28	3	24	2	42
青　海	1 543	737	423	314	70	736
宁　夏	1 564	1 171	990	181	39	354
新　疆	4 672	2 063	2 057	6	1 580	1 028

2-15 村道里程（按路面类型分）

单位：公里

地区	总计	有铺装路面（高级）			简易铺装路面（次高级）	未铺装路面（中级、低级、无路面）
		合计	沥青混凝土	水泥混凝土		
全国总计	2 563 498	2 136 667	232 573	1 904 094	118 440	308 391
北京	5 532	5 532	3 161	2 371		
天津	6 344	6 344	3 429	2 916		
河北	120 329	113 098	21 629	91 469	3 206	4 025
山西	57 638	50 155	7 997	42 158	3 145	4 339
内蒙古	91 590	63 131	16 367	46 764	1 331	27 128
辽宁	70 968	44 597	18 320	26 277	11 119	15 252
吉林	52 756	42 723	4 014	38 710	26	10 008
黑龙江	67 033	45 535	1 202	44 333	101	21 397
上海	1 431	1 431	491	940		
江苏	58 269	58 269	9 601	48 668		
浙江	60 338	59 722	9 853	49 869	225	392
安徽	133 315	132 973	4 529	128 444	154	189
福建	37 575	28 014	87	27 928	276	9 285
江西	124 178	120 362	1 858	118 504	42	3 774
山东	192 270	150 041	42 098	107 943	37 834	4 395
河南	146 427	134 497	6 403	128 094	7 445	4 485
湖北	148 175	139 132	3 829	135 304	1 618	7 424
湖南	108 656	97 552	1 413	96 138	76	11 029
广东	87 062	86 929	1 943	84 986	133	
广西	86 958	73 966	493	73 473	470	12 522
海南	27 166	27 095	151	26 944	1	70
重庆	144 678	107 953	5 405	102 548	4 337	32 388
四川	185 640	171 114	5 625	165 489	1 221	13 304
贵州	88 519	78 157	1 248	76 910	2 387	7 975
云南	93 141	70 553	1 638	68 915	34	22 554
西藏	41 406	10 159	2 656	7 502	86	31 161
陕西	112 215	89 823	6 292	83 531	6 088	16 304
甘肃	74 038	57 048	7 041	50 007	9 197	7 793
青海	31 475	11 623	445	11 177	233	19 619
宁夏	19 063	16 741	5 611	11 129	592	1 730
新疆	89 310	42 397	37 744	4 653	27 063	19 850

2-16　全国公路养护里程

单位：公里

地区	总计	国道	省道	县道	乡道	专用公路	村道
全国总计	5 251 569	373 303	385 729	679 138	1 215 797	50 177	2 547 424
北京	22 320	1 930	2 111	3 902	7 344	1 501	5 532
天津	15 307	1 527	2 549	1 259	3 628		6 344
河北	207 170	15 953	12 330	11 727	46 460	371	120 329
山西	144 508	11 294	6 907	21 126	47 304	239	57 638
内蒙古	212 600	22 369	17 595	39 717	40 369	960	91 590
辽宁	130 234	10 669	10 460	8 708	29 930	814	69 654
吉林	108 689	10 895	4 904	10 711	28 287	1 138	52 755
黑龙江	168 354	14 720	13 173	19 547	36 622	17 259	67 033
上海	13 080	729	1 144	3 335	6 441		1 431
江苏	158 036	8 408	9 384	25 396	56 578		58 269
浙江	123 885	8 077	5 179	29 760	19 976	555	60 338
安徽	235 268	10 141	16 226	32 879	42 747	1	133 273
福建	111 031	11 179	5 686	14 911	41 557	123	37 575
江西	209 193	11 078	12 151	21 162	40 687	16	124 099
山东	288 143	13 470	13 784	28 561	38 600	1 457	192 270
河南	271 398	13 990	24 127	27 565	59 451		146 265
湖北	296 906	14 303	20 352	28 598	85 038	440	148 175
湖南	241 940	13 781	24 501	36 396	57 605	1 001	108 656
广东	222 987	15 253	24 091	27 689	68 891		87 062
广西	160 615	15 516	11 546	17 877	28 707	11	86 957
海南	41 045	2 516	2 312	2 233	6 803	14	27 166
重庆	184 061	8 313	10 679	7 095	13 013	329	144 633
四川	397 268	22 702	24 661	62 157	103 149		184 599
贵州	207 190	12 080	22 091	35 898	48 603		88 519
云南	300 890	21 249	15 887	63 615	106 741	257	93 141
西藏	117 128	14 442	15 216	19 278	12 495	16 080	39 618
陕西	182 193	14 598	11 959	19 162	25 170	267	111 037
甘肃	156 583	14 077	17 318	23 756	27 323	71	74 038
青海	84 762	13 044	8 757	9 182	21 828	1 512	30 440
宁夏	37 577	4 056	2 947	823	9 124	1 564	19 063
新疆	201 208	20 945	15 701	25 112	55 330	4 196	79 923

2-17 全国公路绿化里程

单位：公里

地区	总计	国道	省道	县道	乡道	专用公路	村道
全国总计	3 348 832	279 841	292 423	487 838	788 720	27 206	1 472 804
北京	22 217	1 925	2 089	3 826	7 343	1 501	5 532
天津	10 433	1 127	2 200	773	2 391		3 943
河北	95 795	13 943	9 687	7 042	21 076	371	43 677
山西	66 307	8 585	4 952	15 052	21 720	135	15 864
内蒙古	34 602	7 510	5 182	10 350	6 335	81	5 144
辽宁	73 442	9 283	9 306	8 510	21 643	612	24 088
吉林	107 610	10 373	4 655	10 711	28 287	829	52 755
黑龙江	128 325	13 139	10 817	15 746	29 467	12 336	46 820
上海	11 432	559	854	2 952	5 780		1 287
江苏	153 063	8 153	9 244	24 399	54 847		56 421
浙江	107 576	7 671	4 879	26 784	17 687	492	50 063
安徽	217 263	10 486	15 341	32 047	41 699	12	117 678
福建	99 276	9 978	5 157	13 752	37 758	110	32 522
江西	106 237	11 134	11 135	18 932	27 011	14	38 012
山东	238 137	12 095	12 482	24 700	32 488	1 357	155 016
河南	254 544	13 695	22 878	26 119	55 897		135 955
湖北	153 492	11 759	16 898	18 998	38 057	370	67 410
湖南	191 465	11 968	20 840	30 606	46 480	671	80 900
广东	119 693	14 801	22 995	16 293	34 680		30 924
广西	66 765	14 452	9 806	11 868	13 530	11	17 097
海南	38 121	2 382	2 123	2 046	6 460	14	25 096
重庆	119 130	6 366	9 352	5 535	9 403	188	88 286
四川	228 423	15 636	17 712	40 252	56 430		98 393
贵州	92 827	9 403	16 210	16 151	18 914		32 148
云南	196 733	15 131	10 772	49 810	66 300	85	54 634
西藏	27 892	4 308	1 263	5 288	2 206	4 944	9 884
陕西	122 622	11 357	8 841	14 282	18 117	156	69 868
甘肃	60 525	6 507	8 683	10 344	9 678	17	25 297
青海	49 638	7 070	5 706	6 295	13 353	736	16 477
宁夏	22 531	3 193	2 021	696	6 951	1 278	8 392
新疆	132 716	5 852	8 344	17 679	36 733	887	63 221

2-18　全国高速公路里程

单位：公里

地区	高速公路 合计	四车道	六车道	八车道及以上
全国总计	169 071	135 382	25 119	8 570
北　京	1 177	525	539	112
天　津	1 325	358	823	144
河　北	8 084	5 130	2 390	564
山　西	5 763	4 771	978	13
内蒙古	6 985	6 488	279	218
辽　宁	4 348	3 365	337	646
吉　林	4 315	3 948	125	242
黑龙江	4 520	4 451		70
上　海	851	226	426	199
江　苏	5 023	2 768	1 862	393
浙　江	5 200	3 333	1 290	576
安　徽	5 146	4 532	355	259
福　建	5 810	4 339	1 128	343
江　西	6 309	5 882	237	190
山　东	7 477	5 199	1 230	1 047
河　南	7 190	5 574	586	1 030
湖　北	7 378	6 827	438	113
湖　南	7 083	6 603	480	
广　东	11 042	5 512	4 874	655
广　西	7 348	6 839	97	411
海　南	1 265	1 219	46	
重　庆	3 839	2 590	1 250	
四　川	8 608	7 064	1 402	143
贵　州	8 010	7 563	427	21
云　南	9 947	7 842	1 998	108
西　藏	407	407		
陕　西	6 484	5 038	1 113	334
甘　肃	5 540	5 501	15	24
青　海	3 503	3 333	153	18
宁　夏	2 079	1 726	83	269
新　疆	7 014	6 428	158	429

2-19 公路桥梁（按使用年限分）

地区	总计 数量（座）	总计 长度（米）	总计中：永久式桥梁 数量（座）	总计中：永久式桥梁 长度（米）	总计中：危桥 数量（座）	总计中：危桥 长度（米）
全国总计	961 139	73 802 121	948 889	73 507 582	24 150	794 556
北京	6 898	750 794	6 898	750 794	12	1 138
天津	4 120	945 600	4 098	944 979	1	75
河北	45 623	3 896 645	45 398	3 890 715	440	20 334
山西	15 756	1 463 218	15 674	1 459 944	246	13 644
内蒙古	26 979	1 389 321	26 527	1 379 140	1 049	25 670
辽宁	49 860	2 045 670	49 830	2 045 034	269	12 265
吉林	17 714	840 939	17 554	836 661	622	18 428
黑龙江	23 718	1 055 684	22 074	1 029 166	3 244	73 511
上海	11 692	829 071	11 688	828 966	4	256
江苏	71 356	3 885 289	71 356	3 885 289	706	25 791
浙江	52 815	4 182 182	52 805	4 181 991	67	4 232
安徽	49 151	2 892 089	49 006	2 888 928	1 060	30 256
福建	32 966	3 517 979	32 958	3 517 727	338	14 228
江西	27 860	1 807 651	26 503	1 781 152	956	42 244
山东	64 718	3 815 010	64 718	3 815 010	1 079	41 180
河南	54 954	3 556 170	54 953	3 556 157	3 284	86 700
湖北	43 126	3 370 357	43 125	3 370 348	2 360	68 230
湖南	51 308	3 291 320	50 125	3 267 598	1 691	52 035
广东	51 302	4 924 474	51 243	4 923 071	731	41 374
广西	24 775	1 854 812	24 630	1 850 620	611	25 050
海南	8 530	502 080	8 459	500 273	298	8 196
重庆	13 525	1 093 060	13 338	1 088 288	194	7 741
四川	47 042	4 060 674	46 110	4 032 501	721	31 015
贵州	27 239	4 186 935	27 189	4 185 488	616	19 700
云南	37 872	5 411 297	37 346	5 387 688	808	36 850
西藏	14 025	657 786	11 870	604 887	930	28 212
陕西	38 065	4 268 376	37 011	4 240 726	658	25 329
甘肃	17 510	1 686 432	16 899	1 666 504	474	19 983
青海	8 628	518 312	8 384	513 393	62	1 757
宁夏	5 231	357 283	5 227	357 203	45	3 088
新疆	16 781	745 612	15 893	727 340	574	16 045

2-20 公路桥

地区	总计 数量（座）	总计 长度（米）	特大桥 数量（座）	特大桥 长度（米）	大 数量（座）
全国总计	961 139	73 802 121	7 417	13 478 742	134 533
北　京	6 898	750 794	113	265 827	1 088
天　津	4 120	945 600	244	433 359	908
河　北	45 623	3 896 645	427	858 738	7 125
山　西	15 756	1 463 218	108	162 301	3 441
内蒙古	26 979	1 389 321	56	98 975	2 781
辽　宁	49 860	2 045 670	103	193 088	3 325
吉　林	17 714	840 939	37	53 763	1 456
黑龙江	23 718	1 055 684	38	70 724	1 687
上　海	11 692	829 071	93	258 108	749
江　苏	71 356	3 885 289	314	639 515	4 502
浙　江	52 815	4 182 182	561	1 292 728	5 464
安　徽	49 151	2 892 089	351	705 952	3 554
福　建	32 966	3 517 979	377	717 792	6 968
江　西	27 860	1 807 651	86	184 006	3 659
山　东	64 718	3 815 010	283	720 097	5 175
河　南	54 954	3 556 170	206	417 472	6 487
湖　北	43 126	3 370 357	465	920 918	5 432
湖　南	51 308	3 291 320	268	550 662	6 241
广　东	51 302	4 924 474	788	1 353 086	7 415
广　西	24 775	1 854 812	94	101 175	4 426
海　南	8 530	502 080	28	43 543	946
重　庆	13 525	1 093 060	131	137 737	2 618
四　川	47 042	4 060 674	406	632 054	9 365
贵　州	27 239	4 186 935	441	483 768	9 998
云　南	37 872	5 411 297	475	608 861	13 365
西　藏	14 025	657 786	61	89 615	997
陕　西	38 065	4 268 376	528	952 929	9 095
甘　肃	17 510	1 686 432	225	353 765	3 316
青　海	8 628	518 312	44	65 069	917
宁　夏	5 231	357 283	25	50 864	715
新　疆	16 781	745 612	41	62 251	1 318

梁（按跨径分）

桥	中 桥		小 桥	
长度（米）	数量（座）	长度（米）	数量（座）	长度（米）
37 158 948	230 965	12 853 268	588 224	10 311 164
298 016	2 087	122 103	3 610	64 848
400 044	1 402	80 071	1 566	32 125
1 919 531	10 927	662 760	27 144	455 616
905 870	3 766	234 084	8 441	160 963
622 683	5 285	335 855	18 857	331 809
780 847	8 626	504 945	37 806	566 791
362 567	3 848	221 359	12 373	203 249
371 112	5 458	326 206	16 535	287 641
281 171	3 462	147 674	7 388	142 118
1 373 194	20 958	977 675	45 582	894 905
1 622 038	13 342	683 955	33 448	583 461
1 057 077	9 125	495 104	36 121	633 955
2 039 748	7 815	449 983	17 806	310 456
920 789	8 161	443 983	15 954	258 873
1 327 309	16 724	959 065	42 536	808 539
1 644 678	17 896	931 627	30 365	562 394
1 515 844	7 880	436 291	29 349	497 304
1 643 278	9 231	509 969	35 568	587 411
2 406 745	10 847	623 290	32 252	541 353
1 081 341	7 149	429 840	13 106	242 456
248 387	2 174	118 809	5 382	91 342
637 682	2 982	168 935	7 794	148 705
2 361 308	11 019	596 176	26 252	471 136
3 125 446	6 264	368 701	10 536	209 019
3 885 229	10 794	670 699	13 238	246 509
259 685	3 083	145 566	9 884	162 920
2 509 789	8 532	511 602	19 910	294 056
876 447	5 048	291 663	8 921	164 558
241 113	2 026	117 998	5 641	94 131
161 599	1 667	94 120	2 824	50 700
278 381	3 387	193 159	12 035	211 821

2-21 公路

地 区	公路					
	总 计		特长隧道		长隧道	
	数量（处）	长度（米）	数量（处）	长度（米）	数量（处）	长度（米）
全国总计	**23 268**	**24 698 902**	**1 599**	**7 170 816**	**6 211**	**10 844 327**
北 京	150	135 397	13	53 533	25	48 904
天 津	5	7 997			4	7 572
河 北	812	854 928	63	281 521	206	348 937
山 西	1 047	1 155 031	98	516 650	191	328 069
内蒙古	51	72 995	8	28 699	17	31 963
辽 宁	269	238 780	4	13 624	81	120 992
吉 林	225	311 938	13	64 882	101	183 062
黑龙江	4	4 435			2	3 350
上 海	3	17 301	2	15 441	1	1 860
江 苏	38	41 925	2	7 460	12	22 279
浙 江	2 375	1 934 076	92	384 084	515	874 645
安 徽	422	353 765	17	61 483	93	165 953
福 建	1 917	2 463 267	188	810 688	615	1 082 086
江 西	333	330 445	15	62 603	99	166 142
山 东	143	165 872	9	39 122	42	76 240
河 南	603	406 252	15	74 599	94	156 223
湖 北	1 176	1 205 378	92	418 100	263	451 867
湖 南	900	786 788	37	147 153	197	336 404
广 东	1 007	1 132 262	70	309 710	294	515 498
广 西	1 153	976 527	52	201 292	242	424 576
海 南	59	44 823	2	9 715	12	15 644
重 庆	843	970 369	86	379 554	208	387 182
四 川	1 662	2 190 942	182	846 188	505	910 903
贵 州	2 535	2 683 525	125	488 782	839	1 427 828
云 南	2 580	3 031 883	195	866 590	802	1 434 224
西 藏	131	104 013	8	40 784	27	40 274
陕 西	1 812	1 670 436	104	536 339	383	655 747
甘 肃	748	984 332	72	345 091	240	430 808
青 海	181	303 560	31	124 618	74	145 816
宁 夏	35	48 439	2	18 970	9	15 921
新 疆	49	71 222	2	23 542	18	33 361

隧道、渡口

隧 道				公 路 渡 口	
中 隧 道		短 隧 道		总计（处）	机动渡口（处）
数量（处）	长度（米）	数量（处）	长度（米）		
5 595	4 008 108	9 863	2 675 651	1 001	461
22	14 995	90	17 964		
		1	425		
186	134 156	357	90 314		
256	183 891	502	126 420		
11	8 165	15	4 168	7	7
119	80 735	65	23 429	74	7
68	52 613	43	11 382	49	43
2	1 085			208	36
13	8 671	11	3 516	12	9
493	348 046	1 275	327 301	16	15
104	73 473	208	52 857	16	13
515	378 127	599	192 367	2	2
92	65 346	127	36 354	62	29
53	37 871	39	12 639	4	1
121	86 556	373	88 873		
289	204 775	532	130 637	111	84
262	188 700	404	114 530	127	34
266	188 668	377	118 386	64	49
272	189 195	587	161 464	79	52
17	11 026	28	8 438	6	4
159	116 205	390	87 429	19	7
365	261 843	610	172 008	77	51
689	497 481	882	269 435	17	1
630	453 177	953	277 891	14	3
16	10 596	80	12 359		
331	230 627	994	247 724	21	5
191	142 475	245	65 958	5	
27	19 322	49	13 804		
14	10 485	10	3 063	9	9
12	9 804	17	4 515	2	

2-22 全国公路

地区	汽车数量合计（辆）	载客汽车		大型		合计		普通货车	
		辆	客位	辆	客位	辆	吨位	辆	吨位
全国总计	12 319 587	586 998	17 510 343	277 638	12 316 750	11 732 589	170 994 996	4 069 392	49 234 323
北 京	126 341	12 681	561 358	9 906	514 306	113 660	1 060 402	60 470	600 702
天 津	127 788	9 091	383 318	7 804	355 875	118 697	1 675 022	21 422	238 730
河 北	1 192 286	18 096	572 416	9 047	392 479	1 174 190	19 655 009	191 859	2 719 139
山 西	573 230	9 703	304 166	4 953	207 772	563 527	9 062 412	89 145	1 243 571
内蒙古	248 179	10 596	358 270	6 690	282 803	237 583	3 110 793	69 742	850 462
辽 宁	552 737	20 745	761 639	13 474	598 597	531 992	7 906 482	171 544	1 879 591
吉 林	251 683	12 025	400 654	6 686	294 142	239 658	2 855 647	95 608	1 043 871
黑龙江	353 506	15 463	502 216	8 948	384 593	338 043	4 899 951	144 015	1 932 258
上 海	253 506	8 961	386 186	7 707	361 434	244 545	3 560 997	75 711	826 068
江 苏	824 995	31 794	1 330 636	25 559	1 211 598	793 201	11 038 113	368 133	4 198 910
浙 江	399 227	17 173	615 170	11 128	497 046	382 054	5 552 102	140 464	1 782 487
安 徽	670 875	17 244	569 812	8 993	415 912	653 631	9 467 985	141 867	1 969 338
福 建	247 397	13 626	419 528	6 753	302 403	233 771	3 725 559	81 629	1 026 783
江 西	370 823	11 745	363 320	5 307	235 587	359 078	4 583 888	148 700	1 685 809
山 东	1 392 201	17 957	666 310	13 154	575 985	1 374 244	21 350 739	341 383	4 357 223
河 南	827 623	29 768	936 691	12 807	572 051	797 855	12 047 705	211 983	2 812 037
湖 北	361 745	27 179	702 440	8 865	376 682	334 566	4 728 209	153 253	1 870 197
湖 南	308 954	32 045	809 724	8 654	372 831	276 909	3 893 443	135 753	1 536 665
广 东	627 233	33 656	1 369 170	25 946	1 220 808	593 577	8 922 789	218 612	2 840 636
广 西	385 526	22 815	753 922	12 716	561 648	362 711	5 052 415	179 627	2 160 876
海 南	37 265	5 405	182 069	3 411	140 294	31 860	423 791	15 245	149 913
重 庆	275 333	15 045	388 142	5 329	225 538	260 288	3 102 110	152 272	1 532 135
四 川	498 867	47 599	1 133 545	14 450	579 292	451 268	6 142 555	250 650	2 987 682
贵 州	115 126	23 635	566 021	6 216	258 059	91 491	1 102 828	59 199	653 906
云 南	309 819	39 453	706 963	7 906	318 596	270 366	3 215 166	186 453	1 918 771
西 藏	51 473	4 497	85 198	70	2 752	46 976	575 450	36 683	420 229
陕 西	284 086	17 063	514 417	8 060	349 112	267 023	3 811 706	97 482	1 157 200
甘 肃	141 919	16 204	357 371	5 426	221 027	125 715	1 622 512	68 288	797 855
青 海	50 665	4 322	119 275	1 964	83 015	46 343	640 854	22 760	287 950
宁 夏	129 614	4 498	143 141	2 605	115 513	125 116	1 665 996	24 761	326 051
新 疆	329 565	36 914	547 255	7 104	289 000	292 651	4 542 367	114 679	1 427 279

营运车辆拥有量

载货汽车									其他机动车	
货车						牵引车	挂车			
大型		专用货车		集装箱车						
辆	吨位	辆	吨位	辆	TEU	辆	辆	吨	辆	吨位
3 734 399	**48 494 343**	**603 874**	**7 187 611**	**6 203**	**9 146**	**3 466 783**	**3 592 540**	**114 573 061**	**10 065**	**62 993**
59 157	597 427	22 666	139 256			19 971	10 553	320 444		
21 237	238 342	8 257	73 268			45 727	43 291	1 363 024		
183 716	2 701 153	26 001	283 648	29	59	453 494	502 836	16 652 223	2 090	2 451
88 504	1 241 912	9 135	104 468			231 841	233 406	7 714 373		
51 531	819 647	8 447	83 133	36	48	85 359	74 035	2 177 198		
147 602	1 826 237	41 116	436 914	366	427	156 836	162 496	5 589 977	344	3 426
88 836	1 021 619	14 431	164 939			61 610	68 009	1 646 836	48	943
114 387	1 864 394	20 398	329 575	470	422	86 678	86 952	2 638 118		
73 532	818 895	14 519	113 579	7	9	70 978	83 337	2 621 350		
361 113	4 176 481	38 317	503 354	28	40	192 185	194 566	6 335 849	557	4 756
137 601	1 775 139	13 839	135 238			114 476	113 275	3 634 377		
139 998	1 967 124	93 312	1 337 571	1 302	2 014	224 260	194 192	6 161 076		
77 759	1 017 902	10 895	126 041			60 503	80 744	2 572 736		
131 480	1 644 794	14 545	129 152			87 811	108 022	2 768 928	2 333	3 642
333 335	4 337 094	54 193	704 060	914	872	472 897	505 771	16 289 455		
186 702	2 747 118	35 381	503 555	3	3	283 552	266 939	8 732 114		
146 274	1 852 025	11 254	99 222	2	3	83 182	86 877	2 758 790	1 140	10 736
121 609	1 504 204	16 108	158 824	7	7	56 165	68 883	2 197 954	56	90
203 774	2 800 464	37 068	456 173	184	234	158 699	179 198	5 625 979	6	107
166 771	2 131 268	9 449	82 604	9	9	86 773	86 862	2 808 935	789	9 291
11 921	142 018	3 146	37 408			6 045	7 424	236 469		
108 212	1 464 693	15 623	177 181	37	36	47 883	44 510	1 392 795	12	9
230 111	2 943 397	26 956	345 451	2 659	4 751	85 712	87 950	2 809 422		
51 582	633 010	9 745	101 520	58	46	10 931	11 616	347 402	1	8
151 706	1 858 505	15 450	190 556	44	91	34 180	34 283	1 105 839		
32 033	407 636	1 199	10 379	1	2	3 826	5 268	144 842		
94 247	1 150 804	14 340	172 397	34	60	74 783	80 418	2 482 109	4	42
64 542	788 697	2 951	27 614			28 731	25 745	797 043		
21 350	283 440	1 394	13 775			11 150	11 039	339 129		
24 080	324 829	1 482	14 921			57 726	41 147	1 325 024		
109 697	1 414 078	12 257	131 836	13	13	72 819	92 896	2 983 253	2 685	27 493

2-23 公路客、货运输量

地 区	客运量 （万人）	旅客周转量 （万人公里）	货运量 （万吨）	货物周转量 （万吨公里）
全国总计	508 693	36 275 426	3 913 889	690 876 531
北 京	28 059	541 106	23 075	2 744 131
天 津	8 916	543 009	34 527	6 727 110
河 北	7 079	664 622	227 203	86 500 978
山 西	5 280	558 472	114 698	32 257 117
内蒙古	2 686	342 025	132 847	22 185 002
辽 宁	19 362	960 912	152 596	27 195 009
吉 林	9 155	729 040	47 675	15 238 130
黑龙江	8 477	566 196	42 086	8 158 063
上 海	1 480	496 806	52 899	10 373 231
江 苏	43 789	3 015 808	186 708	36 877 943
浙 江	24 246	1 768 698	213 653	26 369 680
安 徽	16 284	1 478 161	259 044	37 278 807
福 建	10 522	745 152	110 777	12 331 581
江 西	14 978	977 066	181 024	39 601 135
山 东	15 139	1 778 325	291 196	75 176 111
河 南	37 388	2 937 339	226 447	70 263 319
湖 北	21 098	1 286 053	161 310	21 961 780
湖 南	37 031	1 953 756	198 423	14 611 563
广 东	27 567	2 659 600	267 489	29 804 586
广 西	18 326	1 842 221	169 019	18 733 892
海 南	4 856	424 301	7 608	447 224
重 庆	25 647	1 203 887	121 185	11 558 412
四 川	45 349	2 702 690	171 377	17 897 895
贵 州	19 004	1 538 892	89 154	7 263 145
云 南	14 973	1 380 309	129 090	13 775 726
西 藏	612	147 750	4 502	1 189 147
陕 西	12 794	1 019 720	122 716	18 186 676
甘 肃	10 813	667 029	69 665	11 974 143
青 海	1 590	277 209	14 083	1 604 686
宁 夏	2 713	268 065	37 506	5 777 042
新 疆	13 483	801 206	54 309	6 813 268

2-24 公路交通拥挤度情况

地区	交通拥挤度（V/C值）				
	国道	国家高速公路	普通国道	省道	高速公路
全国总计	**0.50**	**0.43**	**0.56**	**0.46**	**0.41**
北京	0.69	0.79	0.46	0.64	0.69
天津	0.71	0.50	0.75	0.82	0.58
河北	0.72	0.44	1.00	0.76	0.44
山西	0.68	0.18	0.76	0.67	0.19
内蒙古	0.20	0.13	0.29	0.21	0.12
辽宁	0.47	0.39	0.51	0.39	0.35
吉林	0.34	0.16	0.42	0.28	0.16
黑龙江	0.30	0.17	0.36	0.36	0.17
上海	1.44	1.47	1.29	1.23	1.37
江苏	0.64	0.78	0.58	0.40	0.73
浙江	0.73	0.74	0.71	0.65	0.71
安徽	0.50	0.42	0.53	0.69	0.46
福建	0.35	0.31	0.44	0.23	0.27
江西	0.38	0.30	0.49	0.33	0.28
山东	0.60	0.46	0.73	0.53	0.40
河南	0.58	0.47	0.80	0.41	0.40
湖北	0.51	0.54	0.49	0.35	0.54
湖南	0.58	0.53	0.88	0.25	0.45
广东	0.87	0.73	1.00	0.75	0.64
广西	0.53	0.37	0.66	0.57	0.37
海南	0.44	0.47	0.38	0.68	0.47
重庆	0.48	0.47	0.48	0.40	0.46
四川	0.56	0.67	0.49	0.53	0.67
贵州	0.30	0.29	0.30	0.37	0.27
云南	0.30	0.20	0.33	0.22	0.20
西藏	0.19	0.17	0.20	0.08	0.17
陕西	0.45	0.49	0.42	0.23	0.48
甘肃	0.53	0.39	0.82	0.60	0.38
青海	0.17	0.13	0.22	0.13	0.12
宁夏	0.48	0.38	0.63	0.29	0.34
新疆	0.24	0.17	0.31	0.25	0.17

2-25　道路运输

地　区	道路运输经营许可证在册数（张）	道路货物运输经营业户数			
		合　计	普通货运	货物专用运输	集装箱运输
全国总计	3 419 774	3 061 955	2 977 403	150 774	54 571
北　京	23 620	23 506	21 215	4 952	1 161
天　津	23 462	19 866	19 281	5 703	3 713
河　北	271 079	256 070	248 109	14 814	3 172
山　西	93 175	89 087	87 916	834	64
内蒙古	139 780	135 027	133 858	1 032	186
辽　宁	142 626	136 349	125 917	10 833	2 976
吉　林	135 446	130 654	127 319	2 520	432
黑龙江	166 928	164 474	160 127	3 377	830
上　海	29 018	24 516	20 715	7 258	4 370
江　苏	311 516	276 331	269 504	22 477	6 393
浙　江	75 822	50 576	46 640	6 451	3 812
安　徽	163 144	149 055	147 852	1 218	217
福　建	46 483	35 186	34 330	4 577	3 611
江　西	128 735	81 537	80 611	621	139
山　东	140 800	136 888	127 607	16 615	7 609
河　南	107 312	86 984	83 695	3 922	135
湖　北	138 612	120 418	118 459	2 830	549
湖　南	135 605	126 079	123 005	5 061	567
广　东	148 454	121 807	117 356	15 134	10 687
广　西	170 046	167 452	166 807	2 318	933
海　南	20 818	14 554	14 087	698	189
重　庆	69 233	67 878	67 008	2 355	945
四　川	119 103	95 053	91 460	4 287	817
贵　州	49 215	41 522	41 001	218	85
云　南	195 847	174 018	171 623	5 964	187
西　藏	30 205	29 262	29 167	82	12
陕　西	95 095	89 985	88 239	1 700	101
甘　肃	107 191	91 057	90 231	598	4
青　海	17 514	16 381	16 196	90	
宁　夏	83 868	71 768	70 729	131	54
新　疆	40 022	38 615	37 339	2 104	621

资料来源：交通运输部运输服务司。

经营业户数

（户）		道路旅客运输经营业户数（户）		
大型物件运输	危险货物运输	合计	班车客运	旅游、包车客运
40 305	**13 850**	**26 745**	**22 152**	**6 314**
656	200	114	22	101
922	226	235	35	232
4 390	680	2 523	2 410	144
774	417	319	195	137
688	499	912	815	132
2 348	1 171	1 302	996	341
687	454	1 999	1 852	176
592	525	2 474	2 307	218
1 065	284	135	31	135
11 786	882	539	195	497
915	676	407	260	301
444	304	898	731	204
266	347	498	210	383
709	405	422	343	99
3 241	1 029	536	270	352
858	394	444	357	120
664	394	2 211	2 016	195
823	295	3 435	3 357	222
1 926	1 038	752	358	548
1 084	364	477	341	217
3	46	151	70	96
470	209	184	163	69
489	490	567	486	192
154	314	474	334	199
1 559	241	2 967	2 810	180
136	35	90	73	17
363	642	378	257	176
242	388	387	227	162
114	88	271	225	50
947	317	105	76	55
990	496	539	330	364

2-26　道路运输相关业务经营业户数

单位：户

地区	业户合计	站　场	客运站	货运站（场）	机动车维修	机动车驾驶员培训	汽车租赁	定制客运电子商务平台	货运代理（代办）
全国总计	490 515	17 632	16 253	1 379	417 286	21 012	6 938	294	26 866
北　京	5 340	8	8		4 426	96	599		211
天　津	3 327	19	19		3 308	135			
河　北	18 473	220	165	55	17 157	1 015	7	8	61
山　西	7 824	124	122	2	6 314	489	276	1	76
内蒙古	18 282	512	461	51	16 746	689	1	5	213
辽　宁	12 498	414	378	36	11 614	559	102	3	
吉　林	7 203	234	183	51	6 180	439	15	17	125
黑龙江	10 374	937	820	117	8 249	424	25	5	715
上　海	4 333	68	24	44	3 830	195	240		
江　苏	25 939	836	728	108	21 785	1 146	368	32	2 092
浙　江	42 778	337	241	96	30 579	877	1 374	34	10 339
安　徽	14 520	1 782	1 751	31	11 568	597	77	9	148
福　建	8 103	431	425	6	6 042	687	160	6	375
江　西	11 003	714	657	57	9 276	829	122	24	145
山　东	24 344	463	371	92	21 841	1 149	34	16	
河　南	23 632	1 308	1 229	79	19 096	2 280	1	2	945
湖　北	15 536	813	735	78	13 147	770	310	6	576
湖　南	15 076	988	903	85	11 634	1 125	5	18	834
广　东	59 153	461	370	91	51 017	1 641	926	15	6 556
广　西	14 803	642	609	33	12 911	825	5	11	177
海　南	2 450	40	40		2 043	148	177	2	13
重　庆	12 469	275	275		11 271	513	410		
四　川	34 778	2 537	2 523	14	29 679	782	131	35	124
贵　州	8 501	485	479	6	7 427	505		5	80
云　南	35 834	542	517	25	32 044	856	882	11	1 732
西　藏	3 502	85	73	12	3 313	73	20		41
陕　西	15 449	951	915	36	13 737	511		8	226
甘　肃	10 532	249	146	103	9 096	652	201	15	634
青　海	2 664	107	106	1	2 410	137		1	9
宁　夏	6 532	39	39		6 297	86	83	4	44
新　疆	15 263	1 011	941	70	13 249	782	387	1	375

资料来源：交通运输部运输服务司。

2-27 道路客运线路班次

地区	客运班线条数（条）							客运线路平均日发班次（班次/日）						
	合计	一类客运班线	二类客运班线	三类客运班线	四类客运班线	县内班线	毗邻县间班线	合计	一类客运班线	二类客运班线	三类客运班线	四类客运班线	县内班线	毗邻县间班线
全国总计	143 595	8 941	29 630	20 656	84 368	75 490	8 878	846 002	26 649	85 713	119 455	614 186	558 831	55 355
北京	841	409		31	401	387	14	26 792	495		760	25 537	25 267	270
天津	201	136		6	59	57	2	747	285		31	431	399	32
河北	5 024	928	885	1 119	2 092	1 781	311	36 801	2 334	2 855	10 792	20 820	18 764	2 056
山西	2 761	359	597	310	1 495	1 314	181	8 465	502	1 278	1 393	5 294	4 849	445
内蒙古	4 076	510	791	899	1 876	1 578	298	6 438	529	922	1 264	3 724	3 166	558
辽宁	5 921	287	1 307	984	3 343	2 963	380	27 197	371	3 136	4 413	19 278	17 360	1 919
吉林	4 231	178	623	684	2 746	2 476	270	20 427	484	1 405	2 967	15 571	14 390	1 181
黑龙江	6 326	110	1 013	970	4 233	3 863	370	18 888	179	1 725	3 338	13 646	12 881	765
上海	2 661	2 661						1 340	1 340					
江苏	4 770	1 062	2 098	654	956	808	148	22 735	3 843	5 051	3 166	10 675	9 364	1 311
浙江	3 483	742	615	298	1 828	1 502	326	29 500	1 270	3 812	4 385	20 034	17 117	2 917
安徽	5 723	1 319	1 179	805	2 420	2 085	335	26 799	1 722	2 646	3 528	18 903	15 574	3 329
福建	3 103	226	665	576	1 636	1 446	190	18 877	246	2 332	3 988	12 312	11 048	1 264
江西	5 276	575	941	481	3 279	3 000	279	22 317	805	2 104	2 568	16 840	15 322	1 519
山东	4 474	723	2 313	730	708	543	165	18 274	885	4 029	4 035	9 324	8 374	950
河南	7 838	1 103	2 307	1 057	3 371	3 103	268	69 421	2 183	8 419	10 435	48 385	45 830	2 555
湖北	9 817	818	1 438	1 058	6 503	6 334	169	45 479	967	3 589	5 387	35 536	34 903	633
湖南	9 919	657	1 523	1 411	6 328	5 881	447	73 897	762	2 748	11 507	58 880	54 820	4 060
广东	9 684	1 424	3 992	977	3 291	3 144	147	29 702	1 277	9 005	3 672	15 748	15 268	480
广西	9 024	1 452	1 858	981	4 733	4 218	515	43 474	2 525	6 402	8 897	25 649	22 346	3 304
海南	613	105	209	71	228	178	50	7 430	103	2 279	240	4 808	4 099	709
重庆	4 658	234		1 027	3 397	2 913	484	24 725	158		3 243	21 325	19 027	2 298
四川	11 142	561	1 345	1 137	8 099	7 150	949	103 204	1 242	8 555	7 814	85 594	76 555	9 039
贵州	6 704	378	617	941	4 768	4 143	625	25 236	496	2 017	3 188	19 535	17 501	2 034
云南	6 454	210	868	514	4 862	3 924	938	40 439	280	2 597	2 377	35 186	30 765	4 421
西藏	517	12	50	149	306	286	20	921	8	179	351	383	359	24
陕西	4 041	294	721	664	2 362	2 056	306	31 355	660	3 737	4 692	22 267	19 510	2 757
甘肃	4 906	188	531	778	3 409	3 146	263	20 681	284	1 369	3 366	15 663	14 919	744
青海	654	29	115	16	494	452	42	2 057	32	550	98	1 377	786	591
宁夏	1 290	180	370	116	624	574	50	3 828	377	996	635	1 820	1 732	88
新疆	6 404	12	659	1 212	4 521	4 185	336	38 557	5	1 979	6 930	29 643	26 538	3 105

2-28 道路运输及相关行业从业人员数

单位：人

地区	从业人员数合计	道路货物运输	道路旅客运输	站（场）经营	机动车维修经营	机动车驾驶员培训	汽车租赁	其他相关业务经营
全国总计	23 347 349	17 367 491	2 191 920	255 686	2 281 526	1 091 323	64 857	94 546
北　京	427 230	331 421	16 369	663	65 064	7 713	5 990	10
天　津	350 303	280 367	17 130	318	32 842	19 646		
河　北	1 583 445	1 391 138	43 783	9 536	80 528	57 032	11	1 417
山　西	654 809	544 900	21 756	4 227	51 698	28 575	2 208	1 445
内蒙古	449 553	306 214	40 490	4 577	61 547	36 556	1	168
辽　宁	1 287 203	1 018 317	166 159	5 178	68 820	27 817	511	401
吉　林	314 198	227 531	33 287	5 251	33 151	14 383	28	567
黑龙江	510 951	414 291	27 690	8 311	41 222	17 838	66	1 533
上　海	297 664	236 089	12 146	919	8 983	24 965	14 562	
江　苏	1 747 648	1 335 847	199 875	11 032	125 062	71 819	1 469	2 544
浙　江	720 080	373 626	32 010	16 092	201 486	69 771	14 602	12 493
安　徽	1 182 237	924 551	127 865	13 417	77 988	37 312	313	791
福　建	417 046	264 486	37 282	4 904	58 878	47 839	1 091	2 566
江　西	587 075	439 788	40 575	9 800	60 851	34 174	167	1 720
山　东	2 307 959	2 017 280	77 799	24 589	125 518	62 481	286	6
河　南	1 660 841	1 239 074	90 636	24 272	212 544	76 612	8	17 695
湖　北	1 082 963	842 103	140 755	11 120	50 790	33 101	1 670	3 424
湖　南	666 049	426 743	92 971	22 424	60 422	56 102	466	6 921
广　东	1 097 449	623 650	83 850	15 391	237 959	108 432	11 543	16 624
广　西	793 950	588 127	113 962	7 699	44 257	39 704	15	186
海　南	93 315	43 374	11 950	1 667	23 941	10 977	1 391	15
重　庆	475 388	331 175	63 602	5 291	47 783	25 065	2 472	
四　川	1 069 921	669 848	164 205	15 390	167 184	50 250	1 896	1 148
贵　州	481 802	271 737	114 433	4 468	63 241	27 338		585
云　南	939 188	677 370	108 023	7 235	101 102	37 442	2 380	5 636
西　藏	154 111	90 253	43 230	642	18 157	1 237	101	491
陕　西	555 974	401 454	68 431	7 871	56 067	20 647		1 504
甘　肃	561 018	443 329	40 964	7 694	37 685	22 841	724	7 781
青　海	103 544	71 623	11 143	1 025	15 967	3 771		15
宁　夏	176 879	141 972	7 415	866	20 414	5 646	458	108
新　疆	597 556	399 813	142 134	3 817	30 375	14 237	428	6 752

2-29 机动车维修业及汽车综合性能检测站

地区	机动车维修业户数（户）						完成主要工作量（万辆次、万台次）					
	合计	汽车维修	一类汽车维修	二类汽车维修	三类汽车维修	摩托车维修	合计	整车修理	总成修理	二级维护	专项修理	维修救援
全国总计	417 286	386 086	15 869	69 020	301 197	25 432	27 794	537	896	2 704	20 122	511
北　京	4 426	4 365	859	1 211	2 295	61	937	1	1	58	876	11
天　津	3 308	3 304	295	1 055	1 954	4	506	10	30	121	319	…
河　北	17 157	16 870	340	3 013	13 517	462	443	22	24	66	290	10
山　西	6 314	6 306	284	1 665	4 357	8	344	1	8	14	321	4
内蒙古	16 746	16 418	350	1 491	14 577	317	354	7	13	41	279	7
辽　宁	11 614	11 148	862	2 118	8 168	243	1 360	8	23	18	1 280	11
吉　林	6 180	5 859	156	1 047	4 656	34	439	4	5	30	393	6
黑龙江	8 249	7 870	379	1 628	5 863	154	434	5	14	15	399	3
上　海	3 830	3 803	138	1 638	2 027	27	665	…	…	3	39	2
江　苏	21 785	20 732	1 825	4 425	14 482	246	4 025	24	127	172	2 498	41
浙　江	30 579	28 802	1 018	5 260	22 524	959	3 442	46	59	301	2 594	63
安　徽	11 568	11 129	444	2 449	8 236	248	504	4	22	125	312	9
福　建	6 042	5 995	439	1 275	4 281	54	518	6	12	143	323	17
江　西	9 276	8 653	456	2 014	6 183	555	488	39	75	144	234	8
山　东	21 841	20 936	566	4 183	16 187	226	1 346	56	70	176	996	47
河　南	19 096	18 515	943	3 878	13 694	581	1 598	31	73	161	1 152	46
湖　北	13 147	12 011	1 114	3 544	7 353	171	464	20	34	126	251	12
湖　南	11 634	9 991	1 206	3 058	5 727	582	423	6	25	72	246	9
广　东	51 017	45 805	944	4 987	39 874	5 872	2 933	135	99	384	1 807	70
广　西	12 911	9 069	178	1 758	7 133	3 121	560	11	12	141	420	5
海　南	2 043	1 865	48	271	1 546	220	183	6	13	8	152	3
重　庆	11 271	10 374	391	1 843	8 140	1 146	583	25	18	33	483	14
四　川	29 679	27 629	980	4 625	22 024	1 846	1 626	27	75	177	1 199	63
贵　州	7 427	7 182	358	1 427	5 397	357	621	9	17	26	545	23
云　南	32 044	25 860	310	2 384	23 166	5 939	1 728	7	12	42	1 633	15
西　藏	3 313	2 970	115	284	2 571	366	16	1	…	5	11	…
陕　西	13 737	12 666	537	2 316	9 813	758	483	3	7	43	426	3
甘　肃	9 096	8 799	189	1 176	7 434	274	200	7	15	31	146	4
青　海	2 410	2 311	39	378	1 894	99	53	1	5	5	40	2
宁　夏	6 297	6 129	34	443	5 652	131	214	1	4	3	204	1
新　疆	13 249	12 720	72	2 176	10 472	371	306	13	4	18	254	2

2-30　2021年、2020年

地　区	货　物　运　输				年出入境辆次	年C种许可证使用量
	年运输量合计		出　境			
	万吨	万吨公里	万吨	万吨公里	辆次	张
2021年总计	4 203	246 600	1 405	85 765	1 897 735	528 387
内蒙古	1 655	50 476	168	1 860	308 353	30 414
辽　宁						
吉　林	4	502			7 630	3 815
黑龙江	79	3 241	53	2 454	61 708	25 061
广　西	471	5 033	318	3 102	469 815	156 361
云　南	1 791	140 355	772	66 962	935 444	310 444
西　藏						
新　疆	202	46 992	93	11 388	114 785	2 292

地　区	货　物　运　输				年出入境辆次	年C种许可证使用量
	年运输量合计		出　境			
	万吨	万吨公里	万吨	万吨公里	辆次	张
2020年总计	4 918	274 670	1 298	98 791	2 287 184	676 650
内蒙古	2 837	94 687	238	2 464	565 353	31 723
辽　宁	4	47	4	47	2 190	
吉　林	5	557	1	60	6 471	2 356
黑龙江	118	4 829	45	1 662	69 731	34 140
广　西	371	3 678	258	2 491	710 700	103 234
云　南	1 422	122 084	683	71 358	836 394	482 063
西　藏						
新　疆	161	48 786	69	20 708	96 345	23 134

资料来源：交通运输部运输服务司。

出入境汽车运输对比表

旅客运输						
年运输量合计		出境		年出入境辆次	年A种许可证使用量	年B种许可证使用量
万人次	万人公里	万人次	万人公里	辆次	张	张

旅客运输						
年运输量合计		出境		年出入境辆次	年A种许可证使用量	年B种许可证使用量
万人次	万人公里	万人次	万人公里	辆次	张	张
38	**1 626**	**19**	**848**	**10 292**	**617**	**1 817**
22	500	11	252	4 919	99	926
…	…	…	…	50		
2	215	1	105	656	36	620
11	441	5	213	3 307	84	181
…	169	…	109	278		11
…	71	…	30	323	26	17
1	230	1	139	759	372	62

2-31 出入境汽车运输——分国家

行政区名称	货物运输				年出入境辆次	年C种许可证使用量
	年运输量合计		出境			
	万吨	万吨公里	万吨	万吨公里	辆次	张
中俄小计	121	4 324	90	3 028	107 300	35 915
黑龙江	79	3 241	53	2 454	61 708	25 061
吉　林	4	502			7 630	3 815
内蒙古	38	581	37	575	37 962	7 039
中朝小计						
吉　林						
辽　宁						
中蒙小计	1 727	85 541	132	1 326	300 180	23 706
内蒙古	1 617	49 894	131	1 285	270 391	23 375
新　疆	110	35 646	1	42	29 789	331
中越小计	948	5 940	635	3 703	626 268	309 893
广　西	471	5 033	318	3 102	469 815	156 361
云　南	477	906	316	601	156 453	153 532
中　哈	46	716	46	716	45 257	1 961
中　吉	31	4 908	31	4 908	28 323	
中　塔	14	5 498	14	5 498	11 210	
中　巴	1	224	1	224	206	
中　老	384	56 365	181	26 940	287 029	139 420
中　缅	931	83 085	275	39 421	491 962	17 492
中　尼						
内地与港澳	1 940	226 029	1 341	157 645	5 720 457	
广　西						
广　东	1 940	226 029	1 341	157 645	5 720 457	

及我国香港、澳门特别行政区运输完成情况

旅客运输						
年运输量合计		出境		年出入境辆次	年A种许可证使用量	年B种许可证使用量
万人次	万人公里	万人次	万人公里	辆次	张	张
91	**9 826**	**66**	**5 512**	**102 771**		
1	536	1	264	601		
90	9 291	66	5 248	102 170		

2-32 出入境汽车运输

行政区名称	货物运输				年出入境辆次	年C种许可证使用量
	年运输量合计		出　境			
	万吨	万吨公里	万吨	万吨公里	辆次	张
中俄小计	5	515	…	4	8 322	4 149
黑龙江	…	9			152	64
吉　林	4	502			7 630	3 815
内蒙古	…	4	…	4	540	270
中朝小计						
吉　林						
辽　宁						
中蒙小计	120	4 383	52	420	48 588	895
内蒙古	120	4 383	52	419	48 584	895
新　疆	…	1	…	1	4	
中越小计	635	4 095	596	3 360	361 028	192 022
广　西	305	3 466	281	2 762	238 021	74 889
云　南	330	629	315	598	123 007	117 133
中　哈	46	716	46	716	45 257	1 961
中　吉	30	4 744	30	4 744	27 305	
中　塔	14	5 498	14	5 498	11 210	
中　巴	1	224	1	224	201	
中　老	268	40 222	136	20 474	179 881	91 024
中　缅	798	79 679	255	38 492	390 963	17 152
中　尼						
内地与港澳	74	6 647	62	5 920	167 251	
广　西						
广　东	74	6 647	62	5 920	167 251	

——中方及内地完成运输情况

旅客运输						
年运输量合计		出境		年出入境辆次	年A种许可证使用量	年B种许可证使用量
万人次	万人公里	万人次	万人公里	辆次	张	张
64	**7 344**	**52**	**4 200**	**82 043**		
1	536	1	264	601		
63	6 809	51	3 935	81 442		

主要统计指标解释

公路里程　指报告期末公路的实际长度。计算单位：公里。公路里程包括城市间、城乡间、乡（村）间能行驶汽车的公共道路，公路通过城镇街道的里程，公路桥梁长度、隧道长度、渡口宽度。不包括城市街道里程、农（林）业生产用道路里程、工（矿）企业等内部道路里程和断头路里程。公路里程按已竣工验收或交付使用的实际里程计算。

公路里程一般按以下方式分组：

按公路行政等级，分为国道、省道、县道、乡道、专用公路和村道里程。

按是否达到公路工程技术标准，分为等级公路里程和等外公路里程。等级公路里程按技术等级分为高速公路、一级公路、二级公路、三级公路、四级公路里程。

按公路路面类型，分为有铺装路面、简易铺装路面和未铺装路面。有铺装路面含沥青混凝土路面、水泥混凝土路面。

公路养护里程　指报告期内对公路工程设施进行经常性或季节性养护和修理的公路里程数。凡进行养护的公路，不论工程量大小、养护方式如何，均纳入统计，包括拨给补助费由群众养护的公路里程。计算单位：公里。

公路桥梁数量　指报告期末公路桥梁的实际数量。计算单位：座。按桥梁的跨径分为特大桥、大桥、中桥、小桥。

公路隧道数量　指报告期末公路隧道的实际数量。计算单位：处。按隧道长度分为特长隧道、长隧道、中隧道和短隧道。

车辆拥有量　指报告期末车辆的实有数量。计算单位：辆。民用车辆是在各地公安交通车辆管理部门登记注册的车辆；运输车辆是在各地交通运输管理部门登记注册的从事公路运输的车辆。

客运量　指报告期内营运车辆实际运送的旅客人数。计算单位：人。

旅客周转量　指报告期内营运车辆实际运送的每位旅客与其相应运送距离的乘积之和。计算单位：人公里。

货运量　指报告期内营运车辆实际运送的货物重量。计算单位：吨。

货物周转量　指报告期内营运车辆实际运送的每批货物重量与其相应运送距离的乘积之和。计算单位：吨公里。

道路运输行业经营业户数　指报告期末持有道路运输行政管理机构核发的有效道路运输经营许可证，从事道路运输经营活动的业户数量。计算单位：户。一般按道路运输经营许可证核定的经营范围分为道路货物运输、道路旅客运输、道路运输相关业务经营业户数。

交通量　是指在单位时间内，通过公路某一断面的实际车辆数。计算单位：辆／日。

当量数　也称折算交通量，是指将各类型自然车辆数按车辆换算系数换算成标准当量小客车的交通量。计算单位：辆／日。

机动车当量数＝汽车当量数＋拖拉机当量数＋摩托车当量数

行驶量　指辖区内路网机动车当量数与辖区内对应路网总观测里程的乘积之和。计算单位：万车公里／日。

公路交通情况调查机动车车型折算系数参考值

车型	汽　车							摩托车	拖拉机
一级分类	小型车		中型车		大型车	特大型车		摩托车	拖拉机
二级分类	中小客车	小型货车	大客车	中型货车	大型货车	特大型车	集装箱车		
参考折算系数	1	1	1.5	1.5	3	4	4	1	4

注：交通量折算采用小客车为标准车型。

三、水路运输

简 要 说 明

一、本篇资料反映我国水路基础设施、运输装备和水路运输发展的基本情况。主要包括：内河航道通航里程、运输船舶拥有量、水路客货运输量、海上交通事故和搜救活动状况等。

二、水路运输按船舶航行区域分为内河、海洋运输。

三、本资料内河航道通航里程为年末通航里程，不含在建和未正式投入使用的航道里程，根据各省航道管理部门资料整理，由各省（自治区、直辖市）交通运输厅（局、委）提供。

四、运输船舶拥有量根据各省航运管理部门登记的船舶资料整理，由各省（自治区、直辖市）交通运输厅（局、委）提供。

五、水路运输量通过抽样调查和全面调查相结合的方法，按运输工具经营权和到达量进行统计，范围原则上为所有在交通运输主管部门审批备案，从事营业性旅客和货物运输生产的船舶。

六、船舶拥有量和水路运输量中不分地区，是指国内运输企业的驻外机构船舶拥有量及其承运的第三国货物运输量。

七、海上险情及搜救活动统计范围是：由中国海上搜救中心、各省（自治区、直辖市）海上搜救中心组织、协调或参与的搜救活动。"险情等级"的划分主要根据遇险人数划定：死亡或失踪3人以下为一般险情，3人到9人为较大险情，10人到29人为重大险情，30人及以上为特大险情。具体内容参见《国家海上搜救应急预案》——海上突发事件险情分级。

3-1 全国内河航道通航里程（按技术等级分）

单位：公里

地区	总计	等级航道								等外航道
		合计	一级	二级	三级	四级	五级	六级	七级	
全国总计	127 642	67 204	2 106	4 069	8 348	11 284	7 602	16 849	16 946	60 439
北　京										
天　津	52	52				26		27		
河　北	22	22						22		
山　西	467	139					118	21		328
内蒙古	2 403	2 380				555	201	1 070	555	23
辽　宁	413	413			56		140	217		
吉　林	1 456	1 381			64	227	654	312	124	75
黑龙江	5 098	4 723		967	864	1 185	490		1 217	375
上　海	1 662	918	125		127	53	17	322	274	743
江　苏	24 386	8 816	370	506	1 648	753	1 014	2 056	2 470	15 570
浙　江	9 763	5 034	14	12	447	1 179	471	1 520	1 390	4 729
安　徽	5 645	5 068	343	131	437	813	423	2 209	712	577
福　建	3 245	1 269	108	20	52	264	205	46	574	1 977
江　西	5 638	2 349	78	175	540	87	89	313	1 067	3 289
山　东	1 117	1 029			150	130	72	57	381	238	88
河　南	1 403	1 334				456	200	431	247	69
湖　北	8 488	6 031	229	721	1 045	268	827	1 734	1 206	2 457
湖　南	11 496	4 131		454	674	274	94	1 476	1 159	7 365
广　东	12 265	4 442	562	73	766	238	495	973	1 336	7 822
广　西	5 707	3 487	268	314	621	717	321	406	839	2 221
海　南	343	76	9			7	1	22	37	267
重　庆	4 352	1 882		545	555	150	170	134	330	2 470
四　川	10 817	3 984			309	1 188	476	470	1 541	6 833
贵　州	3 954	2 781				988	572	780	441	1 173
云　南	4 590	3 671			14	1 647	235	965	810	919
西　藏										
陕　西	1 146	558				137	9	164	248	588
甘　肃	911	456					325	13	118	455
青　海	674	663						663		12
宁　夏	130	115						105	11	15
新　疆										

3-2 全国内河航道通航里程（按水系分）

单位：公里

地区	总计	长江水系	长江干流	珠江水系	黄河水系	黑龙江水系	京杭运河	闽江水系	淮河水系	其他水系
全国总计	127 642	64 668	2 813	16 789	3 533	8 211	1 423	1 973	17 500	14 893
北 京										
天 津	52									52
河 北	22									22
山 西	467				467					
内蒙古	2 403				939	1 401				63
辽 宁	413					256				157
吉 林	1 456					1 456				
黑龙江	5 098					5 098				
上 海	1 662	1 662	125							
江 苏	24 386	10 915	370				795		13 439	
浙 江	9 763	3 154					175			6 564
安 徽	5 645	3 116	343						2 469	61
福 建	3 245							1 973		1 272
江 西	5 638	5 638	78							
山 东	1 117				198		453		874	45
河 南	1 403	186			499				718	
湖 北	8 488	8 488	918							
湖 南	11 496	11 464	80	32						
广 东	12 265			8 505						3 760
广 西	5 707	105		5 603						
海 南	343			343						
重 庆	4 352	4 352	675							
四 川	10 817	10 813	224		4					
贵 州	3 954	2 323		1 631						
云 南	4 590	1 447		676						2 467
西 藏										
陕 西	1 146	818			328					
甘 肃	911	187			705					20
青 海	674				276					398
宁 夏	130				118					12
新 疆										

注：京杭运河航道里程中含长江等其他水系里程1346.41公里。

3-3 各水系内河航道通航里程（按技术等级分）

单位：公里

技术等级	总计	长江水系	长江干流	珠江水系	黄河水系	黑龙江水系	京杭运河	闽江水系	淮河水系	其他水系
全国总计	**127 642**	**64 668**	**2 813**	**16 789**	**3 533**	**8 211**	**1 423**	**1 973**	**17 500**	**14 893**
等级航道	67 204	31 221	2 813	8 600	2 505	7 761	1 259	897	8 966	7 185
一级航道	2 106	1 145	1 145	753				50		158
二级航道	4 069	2 026	1 284	387		967	591	14	656	18
三级航道	8 348	4 392	384	1 388	73	967	357		1 298	186
四级航道	11 284	4 185		1 502		1 908	31	242	1 563	1 885
五级航道	7 602	2 824		922	628	1 344	61	135	925	818
六级航道	16 849	7 779		1 548	1 624	782	148	13	2 760	2 325
七级航道	16 946	8 870		2 100	180	1 793	70	444	1 763	1 795
等外航道	60 439	33 448		8 188	1 028	450	164	1 076	8 534	7 708

注：京杭运河航道里程中含长江等其他水系里程 1346.41 公里。

3-4 全国内河航道枢纽及通航建筑物（按行政区域分）

地区	枢纽数量（处）		通航建筑物数量（座）			
		具有通航功能			正常使用	
			船闸	升船机	船闸	升船机
全国总计	**4 240**	**1 615**	**779**	**42**	**516**	**14**
北京						
天津	13	6	5		1	
河北	9	9	3		2	
山西	1					
内蒙古	2					
辽宁	4	2	1		1	
吉林	5					
黑龙江	4	2	2		2	
上海	63	60	34		33	
江苏	713	595	114		113	
浙江	322	297	43	13	28	2
安徽	97	52	44	1	27	1
福建	148	29	20	1	4	1
江西	83	22	19	2	11	1
山东	42	19	15		11	
河南	35	3	3			
湖北	167	55	38	4	35	
湖南	496	153	135	13	50	4
广东	1 247	134	128		92	
广西	138	45	43	3	23	3
海南	2					
重庆	166	45	46	1	36	1
四川	356	80	85		47	
贵州	93	6	1	2		
云南	12	2	1	1	1	1
西藏						
陕西	3	1		1		
甘肃	20					
青海	2					
宁夏	1					
新疆						

3-5 全国水路

地区	轮驳船总计					一、机		
	艘数（艘）	净载重量（吨）	载客量（客位）	集装箱位（TEU）	功率（千瓦）	艘数（艘）	净载重量（吨）	载客量（客位）
全国总计	125 890	284 326 276	857 768	2 884 341	73 068 425	118 025	276 926 929	856 146
北 京								
天 津	312	4 214 024	3 780	6 130	1 212 543	299	4 020 397	3 780
河 北	768	2 423 039	16 909	1 868	503 484	768	2 423 039	16 909
山 西	216	7 241	3 925		16 430	216	7 241	3 925
内蒙古								
辽 宁	339	1 311 714	31 929	16 092	619 170	331	1 275 184	31 929
吉 林	204	5 260	8 597		27 099	194		8 597
黑龙江	1 245	225 239	24 286		122 967	985	53 974	24 286
上 海	1 430	28 056 042	33 181	1 684 500	13 376 197	1 421	28 009 498	33 181
江 苏	27 998	38 420 753	39 389	75 868	9 329 748	25 842	35 998 178	39 389
浙 江	13 362	32 520 592	92 822	59 492	7 649 421	13 362	32 520 592	92 822
安 徽	24 821	54 281 284	14 583	130 181	11 197 223	24 128	53 891 149	14 583
福 建	1 886	16 452 478	31 706	318 723	4 116 816	1 885	16 452 426	31 706
江 西	2 403	5 442 029	13 958	6 905	1 287 105	2 400	5 438 999	13 958
山 东	10 173	15 516 709	75 945	16 281	3 602 484	6 852	12 060 833	75 945
河 南	5 409	10 886 317	18 383	2 442	2 294 515	5 095	10 583 338	18 383
湖 北	3 177	7 862 413	36 058	3 825	1 935 024	3 101	7 676 344	36 058
湖 南	4 334	4 902 111	57 119	10 087	1 564 958	4 250	4 873 057	56 419
广 东	6 634	23 704 214	80 060	218 518	6 177 114	6 625	23 669 067	80 060
广 西	7 627	15 734 975	33 030	175 209	2 667 201	7 627	15 734 975	33 030
海 南	590	11 457 861	41 717	43 057	2 033 070	590	11 457 861	41 717
重 庆	2 616	9 039 277	37 932	111 455	2 239 862	2 587	8 985 519	37 932
四 川	4 495	1 345 249	37 314	3 666	545 218	3 806	1 282 555	37 314
贵 州	2 001	138 243	52 287		171 172	1 997	134 965	52 287
云 南	1 366	189 734	29 452	42	183 511	1 363	189 504	29 452
西 藏								
陕 西	1 222	32 591	17 159		61 455	1 039	31 347	16 237
甘 肃	447	903	9 947		49 703	447	903	9 947
青 海	147		3 639		23 872	147		3 639
宁 夏	665		12 661		36 851	665		12 661
新 疆								
不分地区	3	155 984			24 212	3	155 984	

运输工具拥有量

动 船		1. 客 船			2. 客 货 船			
集装箱位 （TEU）	功率 （千瓦）	艘数 （艘）	载客量 （客位）	功率 （千瓦）	艘数 （艘）	载客量 （客位）	集装箱位 （TEU）	功率 （千瓦）
2 882 015	73 068 425	15 570	725 990	2 184 394	306	130 156	3 748	955 602
6 130	1 212 543	57	3 780	9 968				
1 868	503 484	642	16 533	38 676	1	376	270	12 960
	16 430	206	3 925	13 587				
16 092	619 170	53	10 089	36 047	35	21 840	144	169 721
	27 099	192	8 597	26 659				
	122 967	622	22 879	57 694	56	1 407		5 659
1 684 500	13 376 197	102	32 836	84 379	1	345	250	12 360
74 838	9 329 748	327	29 371	56 899	63	10 018		33 227
59 492	7 649 421	1 255	92 381	336 403	5	441		1 796
130 181	11 197 223	337	14 583	40 064				
318 723	4 116 816	341	29 901	103 591	6	1 805	256	51 463
6 905	1 287 105	268	13 958	30 932				
15 561	3 602 484	1 015	35 871	147 057	46	40 074	2 828	431 173
2 442	2 294 515	881	18 383	50 422				
3 825	1 935 024	324	36 058	94 347				
10 087	1 564 958	1 527	56 419	99 550				
217 942	6 177 114	400	54 500	269 817	33	25 560		98 280
175 209	2 667 201	339	31 930	88 731	2	1 100		8 400
43 057	2 033 070	306	15 259	88 511	28	26 458		128 218
111 455	2 239 862	342	37 932	124 144				
3 666	545 218	1 332	37 314	63 370				
	171 172	1 602	52 287	107 190				
42	183 511	1 114	28 720	76 953	30	732		2 345
	61 455	746	16 237	31 946				
	49 703	432	9 947	47 748				
	23 872	147	3 639	23 872				
	36 851	661	12 661	35 837				
	24 212							

3-5

地区	3.货船				集装箱船			
	艘数（艘）	净载重量（吨）	集装箱位（TEU）	功率（千瓦）	艘数（艘）	净载重量（吨）	集装箱位（TEU）	功率（千瓦）
全国总计	100 210	276 540 806	2 878 267	68 039 872	1 752	22 675 421	2 266 497	8 636 670
北京								
天津	170	4 020 397	6 130	826 261	3	78 531	5 847	50 576
河北	124	2 419 339	1 598	449 908	1	7 077	478	2 206
山西	10	7 241		2 843				
内蒙古								
辽宁	237	1 221 605	15 948	394 576	9	198 306	13 471	68 670
吉林								
黑龙江	191	51 617		31 264				
上海	1 271	28 005 643	1 684 250	13 055 008	290	13 702 001	1 684 250	5 599 415
江苏	24 728	35 980 403	74 838	8 844 641	106	670 842	43 706	212 263
浙江	12 040	32 520 592	59 492	7 110 520	208	814 013	49 729	290 746
安徽	23 691	53 891 149	130 181	11 131 773	105	914 849	53 563	243 710
福建	1 536	16 445 381	318 467	3 940 372	155	3 174 905	203 615	1 045 818
江西	2 127	5 438 999	6 905	1 243 211	5	12 444	878	4 098
山东	5 323	11 894 384	12 733	2 649 347	12	77 657	5 777	33 913
河南	4 201	10 583 338	2 442	2 240 719				
湖北	2 724	7 676 344	3 825	1 797 183	12	57 464	3 825	14 426
湖南	2 719	4 873 057	10 087	1 463 010	23	97 049	6 783	25 534
广东	6 147	23 608 675	217 942	5 689 832	592	1 500 086	113 735	537 609
广西	7 286	15 734 540	175 209	2 570 070	122	482 883	17 469	81 522
海南	255	11 387 692	43 057	1 813 399	18	500 143	40 511	324 494
重庆	2 220	8 985 519	111 455	2 096 852	68	336 795	20 550	85 006
四川	2 294	1 282 555	3 666	466 585	20	48 796	2 268	12 900
贵州	394	134 965		63 780				
云南	216	189 137	42	103 537	3	1 580	42	3 764
西藏								
陕西	288	31 347		29 014				
甘肃	15	903		1 955				
青海								
宁夏								
新疆								
不分地区	3	155 984		24 212				

（续表一）

			4. 拖　船		二、驳　船			
油　船								
艘数（艘）	净载重量（吨）	功率（千瓦）	艘数（艘）	功率（千瓦）	艘数（艘）	净载重量（吨）	载客量（客位）	集装箱位（TEU）
2 970	**24 499 210**	**5 014 360**	**1 939**	**1 888 557**	**7 865**	**7 399 347**	**1 622**	**2 326**
31	66 031	23 533	72	376 314	13	193 627		
6	8 768	3 246	1	1 940				
58	302 838	88 123	6	18 826	8	36 530		
			2	440	10	5 260		
			116	28 350	260	171 265		
250	9 560 612	1 664 724	47	224 450	9	46 544		
1 039	3 865 707	974 780	724	394 981	2 156	2 422 575		1 030
627	2 764 445	829 459	62	200 702				
103	141 698	48 301	100	25 386	693	390 135		
130	431 828	143 894	2	21 390	1	52		
35	156 082	39 033	5	12 962	3	3 030		
55	764 136	160 875	468	374 907	3 321	3 455 876		720
			13	3 374	314	302 979		
166	437 121	123 404	53	43 494	76	186 069		
21	26 762	9 188	4	2 398	84	29 054	700	
314	973 380	316 127	45	119 185	9	35 147		576
34	58 592	14 909						
52	4 767 938	508 368	1	2 942				
48	173 230	66 336	25	18 866	29	53 758		
1	42	60	180	15 263	689	62 694		
			1	202	4	3 278		
			3	676	3	230		
			5	495	183	1 244	922	
			4	1 014				

3-6 远洋运输

地区	轮驳船总计					一、机		
	艘数（艘）	净载重量（吨）	载客量（客位）	集装箱位（TEU）	功率（千瓦）	艘数（艘）	净载重量（吨）	载客量（客位）
全国总计	1 402	48 700 946	24 189	1 776 184	15 046 270	1 400	48 694 301	24 189
北京								
天津	9	780 837		5 847	122 060	9	780 837	
河北	6	376 759	376	270	60 814	6	376 759	376
山西								
内蒙古								
辽宁	4	33 555	800	1 165	30 815	4	33 555	800
吉林								
黑龙江								
上海	458	21 526 404	345	1 627 243	9 875 645	458	21 526 404	345
江苏	108	4 726 989		7 630	906 365	108	4 726 989	
浙江	12	552 770		1 025	96 311	12	552 770	
安徽								
福建	59	2 049 774	3 347	46 258	653 260	59	2 049 774	3 347
江西								
山东	48	3 193 262	9 716	3 675	565 023	48	3 193 262	9 716
河南								
湖北								
湖南	2	145 000			17 732	2	145 000	
广东	591	6 550 126	9 605	80 794	1 624 086	589	6 543 481	9 605
广西	7	22 813		417	7 588	7	22 813	
海南	95	8 586 673		1 860	1 062 359	95	8 586 673	
重庆								
四川								
贵州								
云南								
西藏								
陕西								
甘肃								
青海								
宁夏								
新疆								
不分地区	3	155 984			24 212	3	155 984	

工具拥有量

动 船		1. 客 船			2. 客 货 船			
集装箱位 （TEU）	功率 （千瓦）	艘数 （艘）	载客量 （客位）	功率 （千瓦）	艘数 （艘）	载客量 （客位）	集装箱位 （TEU）	功率 （千瓦）
1 776 184	**15 046 270**	**45**	**11 509**	**119 751**	**15**	**12 680**	**3 748**	**299 211**
5 847	122 060							
270	60 814				1	376	270	12 960
1 165	30 815				1	800	144	19 845
1 627 243	9 875 645				1	345	250	12 360
7 630	906 365							
1 025	96 311							
46 258	653 260	7	1 904	19 131	2	1 443	256	48 606
3 675	565 023				10	9 716	2 828	205 440
	17 732							
80 794	1 624 086	38	9 605	100 620				
417	7 588							
1 860	1 062 359							
	24 212							

地区	3.货船				集装箱船			
	艘数（艘）	净载重量（吨）	集装箱位（TEU）	功率（千瓦）	艘数（艘）	净载重量（吨）	集装箱位（TEU）	功率（千瓦）
全国总计	1 298	48 597 117	1 772 436	14 436 089	391	13 506 553	1 714 232	5 717 566
北 京								
天 津	9	780 837	5 847	122 060	3	78 531	5 847	50 576
河 北	5	373 059		47 854				
山 西								
内蒙古								
辽 宁	3	27 860	1 021	10 970				
吉 林								
黑龙江								
上 海	421	21 522 549	1 626 993	9 685 693	165	12 391 785	1 626 993	5 082 554
江 苏	108	4 726 989	7 630	906 365	7	97 998	7 630	66 811
浙 江	12	552 770	1 025	96 311	2	13 718	1 025	8 500
安 徽								
福 建	50	2 043 085	46 002	585 523	21	537 945	44 682	366 636
江 西								
山 东	37	3 116 017	847	350 583	1	12 600	847	7 980
河 南								
湖 北								
湖 南	2	145 000		17 732				
广 东	546	6 543 481	80 794	1 518 839	184	345 765	24 931	118 475
广 西	7	22 813	417	7 588	5	16 711	417	6 210
海 南	95	8 586 673	1 860	1 062 359	3	11 500	1 860	9 824
重 庆								
四 川								
贵 州								
云 南								
西 藏								
陕 西								
甘 肃								
青 海								
宁 夏								
新 疆								
不分地区	3	155 984		24 212				

(续表一)

油　船			4.拖　船		二、驳　船			
艘数（艘）	净载重量（吨）	功率（千瓦）	艘数（艘）	功率（千瓦）	艘数（艘）	净载重量（吨）	载客量（客位）	集装箱位（TEU）
193	15 738 241	2 290 939	42	191 219	2	6 645		
93	8 804 294	1 381 475	36	177 592				
38	1 702 207	322 637						
11	529 422	85 887	1	9 000				
17	38 120	20 525	5	4 627	2	6 645		
34	4 664 198	480 415						

3-7 沿海运输

地区	轮驳船总计					一、机		
	艘数（艘）	净载重量（吨）	载客量（客位）	集装箱位（TEU）	功率（千瓦）	艘数（艘）	净载重量（吨）	载客量（客位）
全国总计	10 891	88 856 122	239 082	624 504	24 058 488	10 839	88 339 075	239 082
北　京								
天　津	280	3 433 187	1 248	283	1 084 373	267	3 239 560	1 248
河　北	120	2 046 280		1 598	403 994	120	2 046 280	
山　西								
内蒙古								
辽　宁	335	1 278 159	31 129	14 927	588 355	327	1 241 629	31 129
吉　林								
黑龙江	7	41 126			18 005	7	41 126	
上　海	396	6 250 284		50 156	3 191 677	389	6 208 737	
江　苏	1 564	11 643 084	100	36 820	2 676 410	1 558	11 585 358	100
浙　江	2 863	26 406 468	42 594	42 826	5 863 169	2 863	26 406 468	42 594
安　徽	777	5 279 749		56 074	1 249 730	776	5 278 549	
福　建	1 391	14 181 123	20 959	272 465	3 305 719	1 391	14 181 123	20 959
江　西	98	391 208		2 025	134 119	95	388 178	
山　东	940	2 848 778	52 005	8 462	1 235 665	935	2 781 635	52 005
河　南								
湖　北	192	1 833 227		1 626	366 236	190	1 745 485	
湖　南	13	185 115		3 588	34 820	13	185 115	
广　东	1 105	8 656 112	42 185	80 228	2 469 905	1 098	8 627 610	42 185
广　西	356	1 487 627	8 519	12 229	462 576	356	1 487 627	8 519
海　南	452	2 871 188	40 343	41 197	968 294	452	2 871 188	40 343
重　庆	2	23 407			5 441	2	23 407	
四　川								
贵　州								
云　南								
西　藏								
陕　西								
甘　肃								
青　海								
宁　夏								
新　疆								

工具拥有量

动 船		1. 客　船			2. 客　货　船			
集装箱位 （TEU）	功率 （千瓦）	艘数 （艘）	载客量 （客位）	功率 （千瓦）	艘数 （艘）	载客量 （客位）	集装箱位 （TEU）	功率 （千瓦）
623 928	**24 058 488**	**1 283**	**133 763**	**715 052**	**142**	**105 319**		**615 160**
283	1 084 373	34	1 248	3 858				
1 598	403 994							
14 927	588 355	53	10 089	36 047	34	21 040		149 876
	18 005							
50 156	3 191 677							
36 820	2 676 410	5	100	1 480				
42 826	5 863 169	152	42 153	243 669	5	441		1 796
56 074	1 249 730							
272 465	3 305 719	169	20 597	69 124	4	362		2 857
2 025	134 119							
8 462	1 235 665	470	21 647	99 103	36	30 358		225 733
1 626	366 236							
3 588	34 820							
79 652	2 469 905	113	16 625	126 395	33	25 560		98 280
12 229	462 576	24	7 419	49 282	2	1 100		8 400
41 197	968 294	263	13 885	86 094	28	26 458		128 218
	5 441							

地区	3. 货船				集装箱船			
	艘数（艘）	净载重量（吨）	集装箱位（TEU）	功率（千瓦）	艘数（艘）	净载重量（吨）	集装箱位（TEU）	功率（千瓦）
全国总计	9 119	88 070 635	623 928	21 553 967	599	7 222 924	441 293	2 431 100
北京								
天津	161	3 239 560	283	704 201				
河北	119	2 046 280	1 598	402 054	1	7 077	478	2 206
山西								
内蒙古								
辽宁	234	1 193 745	14 927	383 606	9	198 306	13 471	68 670
吉林								
黑龙江	7	41 126		18 005				
上海	378	6 208 737	50 156	3 144 819	70	1 277 814	50 156	495 397
江苏	1 517	11 585 358	36 820	2 538 897	59	445 718	28 349	110 811
浙江	2 645	26 406 468	42 826	5 417 138	37	587 830	41 196	238 859
安徽	775	5 278 549	56 074	1 248 995	64	682 702	40 254	174 384
福建	1 216	14 180 767	272 465	3 212 348	134	2 636 960	158 933	679 182
江西	93	388 178	2 025	123 215				
山东	364	2 692 431	8 462	679 568	11	65 057	4 930	25 933
河南								
湖北	188	1 745 485	1 626	350 940	3	24 180	1 626	6 030
湖南	13	185 115	3 588	34 820	7	53 135	3 588	13 604
广东	917	8 567 218	79 652	2 133 986	162	626 506	52 108	262 214
广西	330	1 487 192	12 229	404 894	27	128 996	7 553	39 140
海南	160	2 801 019	41 197	751 040	15	488 643	38 651	314 670
重庆	2	23 407		5 441				
四川								
贵州								
云南								
西藏								
陕西								
甘肃								
青海								
宁夏								
新疆								

（续表一）

油船			4. 拖船		二、驳船			
艘数（艘）	净载重量（吨）	功率（千瓦）	艘数（艘）	功率（千瓦）	艘数（艘）	净载重量（吨）	载客量（客位）	集装箱位（TEU）
1 343	**6 722 664**	**2 022 495**	**295**	**1 174 309**	**52**	**517 047**		**576**
31	66 031	23 533	72	376 314	13	193 627		
6	8 768	3 246	1	1 940				
58	302 838	88 123	6	18 826	8	36 530		
80	707 400	255 220	11	46 858	7	41 547		
100	1 032 728	265 905	36	136 033	6	57 726		
612	2 758 629	826 055	61	200 566				
9	51 007	12 540	1	735	1	1 200		
123	429 713	141 014	2	21 390				
13	99 730	27 197	2	10 904	3	3 030		
44	234 714	74 988	65	231 261	5	67 143		
46	80 560	21 361	2	15 296	2	87 742		
169	788 214	240 451	35	111 244	7	28 502		576
34	58 592	14 909						
18	103 740	27 953	1	2 942				

3-8 内河运输

地区	轮驳船总计					一、机		
	艘数（艘）	净载重量（吨）	载客量（客位）	集装箱位（TEU）	功率（千瓦）	艘数（艘）	净载重量（吨）	载客量（客位）
全国总计	113 597	146 769 208	594 497	483 653	33 963 667	105 786	139 893 553	592 875
北　京								
天　津	23		2 532		6 110	23		2 532
河　北	642		16 533		38 676	642		16 533
山　西	216	7 241	3 925		16 430	216	7 241	3 925
内蒙古								
辽　宁								
吉　林	204	5 260	8 597		27 099	194		8 597
黑龙江	1 238	184 113	24 286		104 962	978	12 848	24 286
上　海	576	279 354	32 836	7 101	308 875	574	274 357	32 836
江　苏	26 326	22 050 680	39 289	31 418	5 746 973	24 176	19 685 831	39 289
浙　江	10 487	5 561 354	50 228	15 641	1 689 941	10 487	5 561 354	50 228
安　徽	24 044	49 001 535	14 583	74 107	9 947 493	23 352	48 612 600	14 583
福　建	436	221 581	7 400		157 837	435	221 529	7 400
江　西	2 305	5 050 821	13 958	4 880	1 152 986	2 305	5 050 821	13 958
山　东	9 185	9 474 669	14 224	4 144	1 801 796	5 869	6 085 936	14 224
河　南	5 409	10 886 317	18 383	2 442	2 294 515	5 095	10 583 338	18 383
湖　北	2 985	6 029 186	36 058	2 199	1 568 788	2 911	5 930 859	36 058
湖　南	4 319	4 571 996	57 119	6 499	1 512 406	4 235	4 542 942	56 419
广　东	4 938	8 497 976	28 270	57 496	2 083 123	4 938	8 497 976	28 270
广　西	7 264	14 224 535	24 511	162 563	2 197 037	7 264	14 224 535	24 511
海　南	43		1 374		2 417	43		1 374
重　庆	2 614	9 015 870	37 932	111 455	2 234 421	2 585	8 962 112	37 932
四　川	4 495	1 345 249	37 314	3 666	545 218	3 806	1 282 555	37 314
贵　州	2 001	138 243	52 287		171 172	1 997	134 965	52 287
云　南	1 366	189 734	29 452	42	183 511	1 363	189 504	29 452
西　藏								
陕　西	1 222	32 591	17 159		61 455	1 039	31 347	16 237
甘　肃	447	903	9 947		49 703	447	903	9 947
青　海	147		3 639		23 872	147		3 639
宁　夏	665		12 661		36 851	665		12 661
新　疆								

工具拥有量

动船		1.客船			2.客货船			
集装箱位（TEU）	功率（千瓦）	艘数（艘）	载客量（客位）	功率（千瓦）	艘数（艘）	载客量（客位）	集装箱位（TEU）	功率（千瓦）
481 903	**33 963 667**	**14 242**	**580 718**	**1 349 591**	**149**	**12 157**		**41 231**
		6 110	23	2 532	6 110			
		38 676	642	16 533	38 676			
		16 430	206	3 925	13 587			
		27 099	192	8 597	26 659			
		104 962	622	22 879	57 694	56	1 407	5 659
7 101	308 875	102	32 836	84 379				
30 388	5 746 973	322	29 271	55 419	63	10 018		33 227
15 641	1 689 941	1 103	50 228	92 734				
74 107	9 947 493	337	14 583	40 064				
	157 837	165	7 400	15 336				
4 880	1 152 986	268	13 958	30 932				
3 424	1 801 796	545	14 224	47 954				
2 442	2 294 515	881	18 383	50 422				
2 199	1 568 788	324	36 058	94 347				
6 499	1 512 406	1 527	56 419	99 550				
57 496	2 083 123	249	28 270	42 802				
162 563	2 197 037	315	24 511	39 449				
	2 417	43	1 374	2 417				
111 455	2 234 421	342	37 932	124 144				
3 666	545 218	1 332	37 314	63 370				
	171 172	1 602	52 287	107 190				
42	183 511	1 114	28 720	76 953	30	732		2 345
		61 455	746	16 237	31 946			
		49 703	432	9 947	47 748			
		23 872	147	3 639	23 872			
		36 851	661	12 661	35 837			

3-8

地区	3.货船				集装箱船			
	艘数(艘)	净载重量(吨)	集装箱位(TEU)	功率(千瓦)	艘数(艘)	净载重量(吨)	集装箱位(TEU)	功率(千瓦)
全国总计	89 793	139 873 054	481 903	32 049 816	762	1 945 944	110 972	488 004
北京								
天津								
河北								
山西	10	7 241		2 843				
内蒙古								
辽宁								
吉林								
黑龙江	184	10 491		13 259				
上海	472	274 357	7 101	224 496	55	32 402	7 101	21 464
江苏	23 103	19 668 056	30 388	5 399 379	40	127 126	7 727	34 641
浙江	9 383	5 561 354	15 641	1 597 071	169	212 465	7 508	43 387
安徽	22 916	48 612 600	74 107	9 882 778	41	232 147	13 309	69 326
福建	270	221 529		142 501				
江西	2 034	5 050 821	4 880	1 119 996	5	12 444	878	4 098
山东	4 922	6 085 936	3 424	1 619 196				
河南	4 201	10 583 338	2 442	2 240 719				
湖北	2 536	5 930 859	2 199	1 446 243	9	33 284	2 199	8 396
湖南	2 704	4 542 942	6 499	1 410 458	16	43 914	3 195	11 930
广东	4 684	8 497 976	57 496	2 037 007	246	527 815	36 696	156 920
广西	6 949	14 224 535	162 563	2 157 588	90	337 176	9 499	36 172
海南								
重庆	2 218	8 962 112	111 455	2 091 411	68	336 795	20 550	85 006
四川	2 294	1 282 555	3 666	466 585	20	48 796	2 268	12 900
贵州	394	134 965		63 780				
云南	216	189 137	42	103 537	3	1 580	42	3 764
西藏								
陕西	288	31 347		29 014				
甘肃	15	903		1 955				
青海								
宁夏								
新疆								

（续表一）

			4. 拖　船		二、驳　船			
油　船								
艘数（艘）	净载重量（吨）	功率（千瓦）	艘数（艘）	功率（千瓦）	艘数（艘）	净载重量（吨）	载客量（客位）	集装箱位（TEU）
1 434	**2 038 305**	**700 926**	**1 602**	**523 029**	**7 811**	**6 875 655**	**1 622**	**1 750**
			2	440	10	5 260		
			116	28 350	260	171 265		
77	48 918	28 029			2	4 997		
901	1 130 772	386 238	688	258 948	2 150	2 364 849		1 030
15	5 816	3 404	1	136				
94	90 691	35 761	99	24 651	692	388 935		
7	2 115	2 880			1	52		
22	56 352	11 836	3	2 058				
			402	134 646	3 316	3 388 733		720
			13	3 374	314	302 979		
120	356 561	102 043	51	28 198	74	98 327		
21	26 762	9 188	4	2 398	84	29 054	700	
128	147 046	55 151	5	3 314				
48	173 230	66 336	25	18 866	29	53 758		
1	42	60	180	15 263	689	62 694		
			1	202	4	3 278		
			3	676	3	230		
			5	495	183	1 244	922	
			4	1 014				

3-9 水路客、货运输量

地 区	客运量（万人）	旅客周转量（万人公里）	货运量（万吨）	货物周转量（万吨公里）
全国总计	16 337	331 117	823 973	1 155 775 068
北　京				
天　津	70	1 055	10 159	14 512 595
河　北			4 800	7 240 009
山　西	76	301	16	345
内蒙古				
辽　宁	268	18 865	3 491	5 590 882
吉　林	98	908		
黑龙江	135	1 414	519	462 425
上　海	361	7 068	101 380	330 183 278
江　苏	2 140	8 254	98 232	77 432 909
浙　江	3 846	49 403	109 210	100 295 135
安　徽	161	2 130	134 580	65 132 585
福　建	742	8 221	50 224	87 246 100
江　西	159	2 406	12 843	3 542 415
山　东	1 047	38 521	19 329	28 024 112
河　南	203	4 296	17 541	12 637 039
湖　北	314	18 775	47 625	34 463 874
湖　南	764	16 897	21 272	4 496 243
广　东	1 580	45 074	107 206	246 885 236
广　西	504	20 815	38 030	22 359 300
海　南	1 317	28 164	19 282	87 108 742
重　庆	610	29 847	21 462	24 359 447
四　川	865	9 784	5 400	2 647 296
贵　州	370	8 890	560	237 349
云　南	357	6 334	576	79 198
西　藏				
陕　西	66	1 388	85	3 113
甘　肃	79	870		
青　海	63	614		
宁　夏	141	824		
新　疆				
不分地区			152	835 442

3-10 水路旅客运输量（按航区分）

地 区	客运量（万人）		旅客周转量（万人公里）	
	内 河	海 洋	内 河	海 洋
全国总计	8 692	7 645	144 537	186 580
北 京				
天 津	67	3	998	57
河 北				
山 西	76		301	
内蒙古				
辽 宁		268		18 865
吉 林	98		908	
黑龙江	135		1 414	
上 海	361		7 068	
江 苏	2 140	…	8 254	…
浙 江	819	3 027	9 422	39 981
安 徽	161		2 130	
福 建	66	676	1 217	7 004
江 西	159		2 406	
山 东	184	863	1 050	37 471
河 南	203		4 296	
湖 北	314		18 775	
湖 南	764		16 897	
广 东	331	1 249	4 957	40 117
广 西	202	302	5 755	15 060
海 南	61	1 256	139	28 025
重 庆	610		29 847	
四 川	865		9 784	
贵 州	370		8 890	
云 南	357		6 334	
西 藏				
陕 西	66		1 388	
甘 肃	79		870	
青 海	63		614	
宁 夏	141		824	
新 疆				
不分地区				

3-11 水路货物运输量（按航区分）

地区	货运量（万吨）		货物周转量（万吨公里）	
	内河	海洋	内河	海洋
全国总计	418 878	405 095	177 359 934	978 415 134
北京				
天津		10 159		14 512 595
河北		4 800		7 240 009
山西	16		345	
内蒙古				
辽宁		3 491		5 590 882
吉林				
黑龙江	430	88	30 228	432 196
上海	5 937	95 443	3 478 857	326 704 422
江苏	61 447	36 785	21 308 322	56 124 587
浙江	24 882	84 329	3 754 184	96 540 951
安徽	123 756	10 824	55 878 773	9 253 812
福建	1 758	48 466	104 803	87 141 297
江西	12 034	810	2 493 557	1 048 858
山东	4 287	15 042	1 728 807	26 295 306
河南	17 541		12 637 039	
湖北	39 848	7 776	25 774 868	8 689 005
湖南	21 131	141	3 609 326	886 917
广东	47 413	59 793	6 722 082	240 163 154
广西	30 437	7 594	12 584 515	9 774 785
海南		19 282		87 108 742
重庆	21 341	121	24 287 272	72 175
四川	5 400		2 647 296	
贵州	560		237 349	
云南	576		79 198	
西藏				
陕西	85		3 113	
甘肃				
青海				
宁夏				
新疆				
不分地区		152		835 442

3-12　海上险情及搜救活动

指　标	计算单位	数　量	所占比例（%）
一、海上搜救行动次数	次	1 990	100.00
1.按遇险性质分：碰撞	次	246	12.36
触礁	次	59	2.96
搁浅	次	179	8.99
触损	次	23	1.16
浪损	次	7	0.35
火灾/爆炸	次	72	3.62
风灾	次	34	1.71
自沉	次	141	7.09
机损	次	189	9.50
伤病	次	420	21.11
其他	次	620	31.16
2.按区域分：东海海区	次	581	29.20
南海海区	次	465	23.37
黄海海区	次	219	11.01
渤海海区	次	254	12.76
长江下游	次	28	1.41
长江中游	次	12	0.60
长江上游	次	10	0.50
珠江	次	81	4.07
内河支流	次	312	15.68
水库湖泊	次	6	0.30
黑龙江	次	4	0.20
其他	次	18	0.90
3.按等级分：一般	次	1 801	90.50
较大	次	175	8.79
重大	次	14	0.70
特大	次		
二、遇险人员救助情况	人次	14 578	100.00
获救人员	人次	13 928	95.54
三、各部门派出搜救船艇	艘次	14 038	100.00
海事	艘次	1 768	12.59
救捞	艘次	360	2.56
军队	艘次	429	3.06
社会	艘次	3 143	22.39
渔船	艘次	5 188	36.96
过往船舶	艘次	3 150	22.44
四、各部门派出搜救飞机	架次	267	100.00
海事	架次	16	5.99
救助	架次	189	70.79
军队	架次	6	2.25
社会	架次	56	20.97

资料来源：中国海上搜救中心。

主要统计指标解释

内河航道通航长度 指报告期末在江河、湖泊、水库、渠道和运河水域内，船舶、排筏在不同水位期可以通航的实际航道里程数。计算单位：公里。内河航道通航里程按主航道中心线实际长度计算。

内河航道通航里程可分为等级航道和等外航道里程，等级航道里程又分为一级航道、二级航道、三级航道、四级航道、五级航道、六级航道和七级航道里程。

船舶数量 指报告期末在交通运输主管部门注册登记的船舶实际数量。计算单位：艘。统计的船舶包括运输船舶、工程船舶和辅助船舶，不包括渔船和军用船舶。

船舶一般分为机动船和驳船，机动船又可分为客船、客货船、货船（包括集装箱船）和拖船。

净载重量 指报告期末所拥有船舶的总载重量减去燃（物）料、淡水、粮食及供应品、人员及其行李等重量及船舶常数后，能够装载货物的实际重量。计算单位：吨。船舶常数指船舶经过一段时间营运后的空船重量与船舶建造出厂时空船重量的差值。

载客量 指报告期末所拥有船舶可用于载运旅客的额定数量。计算单位：客位。载客量包括船员临时占用的旅客铺位，但不包括船员自用铺位。客货船临时将货舱改做载客用途，该船的客位数不做变更。

箱位量 指报告期末所拥有集装箱船舶可装载折合为20英尺集装箱的额定数量。计算单位：TEU。各种外部尺寸的集装箱箱位，均按折算系数折算成20英尺集装箱进行计算。

船舶功率 指报告期末所拥有船舶主机的额定功率数。计算单位：千瓦。

客运量 指报告期内船舶实际运送的旅客人数。计算单位：人。

旅客周转量 指报告期内船舶实际运送的每位旅客与该旅客运送距离的乘积之和。计算单位：人公里。

货运量 指报告期内船舶实际运送的货物重量。计算单位：吨。

货物周转量 指报告期内船舶实际运送的每批货物重量与该批货物运送距离的乘积之和。计算单位：吨公里。

集装箱箱运量 指报告期内船舶实际运送集装箱的数量。按实际箱数计算，计算单位：箱；按折合20英尺集装箱计算，计算单位：TEU。

集装箱货运量 指报告期内船舶运送集装箱的实际重量，包括集装箱装载货物的重量和集装箱箱体的重量。计算单位：吨。

四、城市客运

简 要 说 明

一、本篇资料反映全国城市公共交通运输发展的基本情况。主要包括全国城市公共交通的运输工具、运营线路、客运量等内容。

二、本资料分全国城市客运经营业户、客运设施、公共汽电车、巡游出租汽车、城市轨道交通和客运轮渡。

4-1　全国城市客运经营业户

单位：户

地区	公共汽电车经营业户数				城市轨道交通经营业户数	城市客运轮渡经营业户数
	国有企业数	国有控股企业数	私营企业数	个体经营业户数		
全国总计	4 188	1 377	394	2 127	86	82	25
北　京	1	1				4	
天　津	16	15		1		8	
河　北	223	53	20	142		1	
山　西	151	39	5	90		1	
内蒙古	214	21	3	107	82	1	
辽　宁	139	45	19	73	1	4	
吉　林	110	21	6	79		1	
黑龙江	276	31	4	239	2	1	5
上　海	33		23			6	1
江　苏	113	68	27	18		9	1
浙　江	158	92	17	49		8	1
安　徽	151	85	25	41		2	
福　建	119	76	17	25	1	3	1
江　西	155	39	36	80		2	1
山　东	260	104	33	114		3	
河　南	168	74	10	83		3	
湖　北	132	73	7	52		3	2
湖　南	211	22	3	58		2	3
广　东	238	71	44	113		8	4
广　西	179	21	8	139		1	
海　南	39	9	5	25		1	
重　庆	68	40	6	22		1	6
四　川	243	93	24	126		1	
贵　州	143	61	8	73		1	
云　南	186	54	12	120		3	
西　藏	12	11		1			
陕　西	154	41	16	95		1	
甘　肃	99	35	2	62		2	
青　海	41	16		24			
宁　夏	44	16	1	27			
新　疆	112	50	13	49		1	

4-1 （续表一）

单位：户

地区	巡游出租汽车经营业户数					个体经营业户数
	合计	车辆301辆以上的企业数	车辆101~300辆（含）的企业数	车辆51~100辆（含）的企业数	车辆50辆（含）以下的企业数	
全国总计	144 666	897	2 609	2 242	7 806	131 112
北　京	1 375	29	59	56	74	1 157
天　津	6 036	24	27	7	3	5 975
河　北	3 311	71	131	99	88	2 922
山　西	276	26	104	89	57	
内蒙古	25 690	44	75	53	223	25 295
辽　宁	16 513	64	143	104	278	15 924
吉　林	31 788	35	55	61	146	31 491
黑龙江	19 530	88	153	90	127	19 072
上　海	3 053	28	19	24	39	2 943
江　苏	6 043	34	152	91	82	5 684
浙　江	1 884	19	125	94	174	1 472
安　徽	3 146	40	123	50	51	2 882
福　建	178	14	34	45	85	
江　西	2 351	7	34	55	66	2 189
山　东	7 021	32	197	156	4 970	1 666
河　南	1 502	37	170	144	113	1 038
湖　北	2 021	22	107	91	61	1 740
湖　南	1 069	23	80	99	88	779
广　东	326	39	93	60	125	9
广　西	212	17	37	45	95	18
海　南	73	3	15	11	44	
重　庆	753	23	50	40	43	597
四　川	782	30	105	140	219	288
贵　州	2 268	28	78	120	155	1 887
云　南	2 552	10	76	98	106	2 262
西　藏	40	2	1	9	28	
陕　西	343	17	80	130	116	
甘　肃	262	27	113	80	42	
青　海	85	11	24	16	21	13
宁　夏	94	18	37	18	21	
新　疆	4 089	35	112	67	66	3 809

4-2 全国城市客运设施

地区	公交专用车道长度（公里）	城市轨道交通运营车站数（个）	换乘站数	城市客运轮渡在用码头数（个）	公共汽电车停保场面积（万平方米）
全国总计	18 263.8	5 284	574	141	10 339.1
北　京	1 005.0	459	72		343.3
天　津	194.0	164	19		127.2
河　北	493.2	60	3		505.3
山　西	615.2	22			272.5
内蒙古	353.5	43	1		199.5
辽　宁	1 344.8	283	13		375.3
吉　林	471.1	116	8		139.2
黑龙江	174.9	62	4	23	205.9
上　海	484.7	410	83	41	248.7
江　苏	1 716.5	576	44	6	790.4
浙　江	966.5	368	40	2	609.7
安　徽	612.2	157	9		702.5
福　建	278.8	111	6	7	354.3
江　西	512.0	94	9	2	289.0
山　东	1 272.9	181	9		1 000.0
河　南	1 546.9	169	18		633.0
湖　北	618.8	308	35	9	435.6
湖　南	548.8	102	12	6	341.2
广　东	1 631.4	606	83	36	885.2
广　西	380.3	104	11		266.0
海　南	41.1	15			76.7
重　庆	241.2	193	22	9	151.6
四　川	1 125.6	322	46		432.0
贵　州	221.1	55	2		167.1
云　南	225.6	93	11		162.6
西　藏	46.0				12.2
陕　西	565.3	159	14		150.3
甘　肃	128.6	31			116.1
青　海	75.4				52.7
宁　夏	167.8				94.9
新　疆	204.7	21			199.3

注：上海城市轨道交通车站数含江苏（昆山）境内3个，均非换乘站。

4-3 全国公共汽电车数量

地区	公共汽电车数（辆）				标准运营车数（标台）
		空调车	低地板及低入口车辆	BRT运营车辆	
全国总计	709 443	595 854	91 224	9 749	805 116
北 京	23 079	23 079	14 366	288	31 522
天 津	13 258	13 024	798		14 578
河 北	31 888	26 271	1 237		34 535
山 西	16 963	11 463	1 922		19 503
内蒙古	12 233	7 610	393		13 659
辽 宁	24 112	12 710	3 088	100	29 428
吉 林	11 979	5 712	550		13 277
黑龙江	19 977	7 886	137		23 008
上 海	17 637	17 619	1 344	35	22 355
江 苏	53 365	52 580	7 366	720	60 860
浙 江	45 683	44 540	10 436	822	48 766
安 徽	28 301	27 154	2 673	1 012	32 216
福 建	20 633	20 278	779	326	22 504
江 西	15 604	15 002	906	229	17 178
山 东	67 125	46 339	10 282	545	73 982
河 南	36 929	30 677	3 210	1 974	40 904
湖 北	24 910	24 377	1 216	511	28 872
湖 南	32 903	32 755	1 852	218	36 715
广 东	67 683	67 648	8 493	1 159	76 570
广 西	14 322	12 896	2 286	219	15 664
海 南	4 949	4 844			5 200
重 庆	15 023	14 262	2 098		17 544
四 川	33 468	31 505	9 961	659	39 013
贵 州	11 586	8 203	459	160	13 279
云 南	16 797	8 124	1 123		16 922
西 藏	874	743			1 021
陕 西	18 617	15 903	2 130		21 794
甘 肃	10 298	5 186	375	70	11 502
青 海	3 969	1 008	435		4 290
宁 夏	3 837	2 428	350	115	4 591
新 疆	11 441	4 028	959	587	13 866

4-4 全国公共汽电车数量（按长度分）

单位：辆

地区	公共汽电车数								
	合计	≤5米	>5米且≤7米	>7米且≤10米	>10米且≤13米	>13米且≤16米	>16米且≤18米	>18米	双层车
全国总计	709 443	4 449	68 891	262 197	362 810	3 644	3 686	159	3 607
北　京	23 079		852	1 328	16 135	2 537	774		1 453
天　津	13 258	30	935	6 923	5 363				7
河　北	31 888	366	4 395	13 672	13 208	191	20		36
山　西	16 963	67	989	6 394	9 481	22	10		
内蒙古	12 233	674	1 230	3 336	6 941		30		22
辽　宁	24 112	2	503	5 447	18 128		2		30
吉　林	11 979	185	1 035	5 186	5 526		10		37
黑龙江	19 977	158	1 062	7 477	11 169	111			
上　海	17 637		83	2 179	15 208		58	41	68
江　苏	53 365	76	4 736	19 381	28 829	102	163		78
浙　江	45 683	516	8 601	17 048	19 415	8	8	8	79
安　徽	28 301	30	2 749	10 320	14 889	62	186		65
福　建	20 633	177	3 138	8 160	8 915	22	120		101
江　西	15 604	29	1 536	7 463	6 435	62	30	2	47
山　东	67 125	97	9 521	26 424	30 314	313	382		74
河　南	36 929	226	4 507	14 974	16 808	12	260	2	140
湖　北	24 910	16	987	9 853	13 982		70		2
湖　南	32 903		1 492	17 220	14 188				3
广　东	67 683	65	4 404	29 877	32 935	29	44		329
广　西	14 322	39	1 690	6 954	5 349		25		265
海　南	4 949	118	953	1 941	1 912				25
重　庆	15 023	30	1 125	4 291	9 577				
四　川	33 468	46	3 848	9 591	18 941	19	989	12	22
贵　州	11 586	22	643	4 848	5 940	33	22		78
云　南	16 797	598	4 306	6 918	4 604		10		361
西　藏	874			95	193	586			
陕　西	18 617	6	1 464	5 576	11 325				246
甘　肃	10 298	410	538	4 417	4 753	116	60		4
青　海	3 969	90	579	1 522	1 767				11
宁　夏	3 837	3	177	1 370	2 178		7	94	8
新　疆	11 441	373	718	1 914	8 009	5	406		16

4-5 全国公共汽电车数量（按燃料类型分）

单位：辆

地区	公共汽电车数									
	合计	汽油车	柴油车	天然气车	双燃料车	无轨电车	纯电动车	混合动力车	氢能源车	其他
全国总计	709 443	4 323	79 091	111 641	2 756	2 596	419 547	86 247	3 135	107
北　京	23 079		2 059	7 549		1 276	8 316	3 662	217	
天　津	13 258	164	4 631	614			5 633	2 216		
河　北	31 888	370	1 235	5 823	187	35	21 439	2 355	444	
山　西	16 963	122	201	1 732		78	14 301	429	100	
内蒙古	12 233	766	2 025	2 832	288		5 201	1 071	50	
辽　宁	24 112	4	2 848	6 935	6	65	8 849	5 355	50	
吉　林	11 979	150	1 501	2 966	130		6 894	323		15
黑龙江	19 977	221	6 156	731	909		11 449	511		
上　海	17 637		3 055	111	250	354	11 518	2 332	6	11
江　苏	53 365	52	7 074	8 243			28 360	9 496	140	
浙　江	45 683	245	9 264	4 543	3	52	23 510	7 942	124	
安　徽	28 301	36	3 390	3 496			17 073	4 277	29	
福　建	20 633	19	1 644	1 439	50		15 008	2 471	2	
江　西	15 604	12	3 346	1 119			9 638	1 489		
山　东	67 125	155	4 107	12 364	1	251	41 415	8 460	372	
河　南	36 929	192	2 042	2 570	30	173	26 603	5 002	317	
湖　北	24 910	15	3 233	5 214	10	39	15 152	1 176	41	30
湖　南	32 903		1 357	982			24 406	6 158		
广　东	67 683	2	2 006	1 130		273	60 985	2 250	1 037	
广　西	14 322	29	3 573	1 540			7 593	1 587		
海　南	4 949		822	375	10		3 405	337		
重　庆	15 023	25	927	6 281			3 316	4 464	10	
四　川	33 468	194	2 307	14 278	196		12 746	3 554	193	
贵　州	11 586	7	1 544	2 545			6 106	1 381	3	
云　南	16 797	743	5 844	1 126			6 783	2 301		
西　藏	874			130			226	518		
陕　西	18 617	12	796	3 676	93		11 945	2 044		51
甘　肃	10 298	487	779	2 503	19		5 506	1 004		
青　海	3 969	119	151	1 480	43		1 863	313		
宁　夏	3 837	14	353	1 851	25		1 444	150		
新　疆	11 441	168	691	5 593	506		2 864	1 619		

4-6　全国公共汽电车数量（按排放标准分）

单位：辆

地区	公共汽电车数				
	合计	国Ⅲ及以下	国Ⅳ	国Ⅴ及以上	零排放
全国总计	709 443	42 044	91 687	146 948	428 764
北　京	23 079		148	13 122	9 809
天　津	13 258	737	3 618	3 270	5 633
河　北	31 888	1 453	3 308	5 044	22 083
山　西	16 963	81	1 945	458	14 479
内蒙古	12 233	2 731	2 387	1 914	5 201
辽　宁	24 112	1 940	4 662	8 363	9 147
吉　林	11 979	645	2 040	2 384	6 910
黑龙江	19 977	3 041	2 933	2 532	11 471
上　海	17 637	380	609	4 759	11 889
江　苏	53 365	2 759	8 957	12 280	29 369
浙　江	45 683	1 470	6 467	13 642	24 104
安　徽	28 301	2 396	2 866	5 937	17 102
福　建	20 633	324	1 833	3 373	15 103
江　西	15 604	1 430	1 837	2 583	9 754
山　东	67 125	4 484	7 344	12 793	42 504
河　南	36 929	1 173	2 346	6 179	27 231
湖　北	24 910	1 118	2 789	5 399	15 604
湖　南	32 903	1 147	5 785	1 565	24 406
广　东	67 683	733	1 172	3 483	62 295
广　西	14 322	1 264	1 950	3 477	7 631
海　南	4 949	37	488	1 019	3 405
重　庆	15 023	2 622	2 786	6 283	3 332
四　川	33 468	2 776	8 858	8 724	13 110
贵　州	11 586	900	1 616	2 665	6 405
云　南	16 797	2 748	3 907	3 332	6 810
西　藏	874	33	75	540	226
陕　西	18 617	851	2 709	3 112	11 945
甘　肃	10 298	348	2 000	2 399	5 551
青　海	3 969	41	1 419	646	1 863
宁　夏	3 837	917	413	1 063	1 444
新　疆	11 441	1 465	2 420	4 608	2 948

4-7　全国公共汽电车线路

地区	运营线路条数（条）	运营线路总长度（公里）	BRT 线路长度	无轨电车线路长度
全国总计	75 770	1 593 829	7 558	1 247
北　京	1 217	28 580	81	478
天　津	1 011	27 713		
河　北	3 426	82 017		94
山　西	2 141	48 766		45
内蒙古	1 578	47 334		
辽　宁	2 203	41 253	14	8
吉　林	1 421	31 657		
黑龙江	2 007	47 324		
上　海	1 595	25 180	21	136
江　苏	5 750	113 079	924	
浙　江	7 825	149 165	1 058	28
安　徽	3 379	73 315	134	
福　建	2 395	43 403	60	
江　西	2 312	51 781	75	
山　东	7 147	187 331	527	85
河　南	2 982	57 246	1 205	50
湖　北	2 147	38 513	650	109
湖　南	2 749	52 634	93	
广　东	6 178	131 583	956	215
广　西	1 788	36 351	424	
海　南	567	12 838		
重　庆	1 666	29 159		
四　川	3 647	57 156	351	
贵　州	1 340	27 611	807	
云　南	2 506	55 040		
西　藏	133	3 253		
陕　西	1 504	27 747		
甘　肃	1 044	21 828	14	
青　海	621	15 041		
宁　夏	503	10 341	50	
新　疆	988	19 593	116	

4-8　全国公共汽电车客运量

地区	运营里程（万公里）	客运量（万人次）	BRT 客运量
全国总计	3 352 682	4 891 570	124 609
北　京	113 859	229 634	3 502
天　津	47 262	67 323	
河　北	117 215	110 051	
山　西	68 706	117 448	
内蒙古	58 069	72 412	
辽　宁	106 921	238 302	1 019
吉　林	62 518	114 855	
黑龙江	86 832	135 430	
上　海	99 077	146 693	456
江　苏	245 071	307 542	11 558
浙　江	246 496	238 410	6 254
安　徽	133 360	148 263	8 579
福　建	106 430	159 501	7 962
江　西	71 565	94 061	4 705
山　东	281 062	308 625	6 827
河　南	143 453	172 793	18 944
湖　北	129 536	217 860	7 794
湖　南	128 555	227 396	1 723
广　东	389 717	410 330	13 517
广　西	70 198	76 692	2 659
海　南	26 132	19 737	
重　庆	89 771	221 052	
四　川	157 106	310 246	12 968
贵　州	58 532	163 917	3 039
云　南	73 357	110 337	
西　藏	4 665	8 482	
陕　西	95 566	161 773	
甘　肃	54 937	123 341	3 017
青　海	19 196	38 320	
宁　夏	15 851	29 072	2 548
新　疆	51 669	111 675	7 539

4-9　全国巡游出租汽车车辆数

单位：辆

地区	运营车数							
	合计	汽油车	乙醇汽油车	天然气车	双燃料车	纯电动车	混合动力车	其他
全国总计	1 391 315	284 312	150 168	28 121	689 566	198 873	8 895	31 380
北　京	79 600	55 036			593	23 971		
天　津	31 779	30 521			264	14	980	
河　北	71 265	15 110	771	779	52 449	2 075	81	
山　西	42 041	2 456		344	16 894	22 226	3	118
内蒙古	67 967	31 578		461	35 762	166		
辽　宁	92 706	1 475	707	6 874	82 628	285	2	735
吉　林	68 569		57 837	1	9 881	248	602	
黑龙江	98 998		84 336	115	14 546	1		
上　海	35 317	21 435			168	13 714		
江　苏	54 504	11 590	532	683	36 819	4 791	89	
浙　江	43 838	12 907		147	25 067	5 328	366	23
安　徽	55 298	5 861	2 410	113	43 621	3 293		
福　建	22 015	1 687		810	11 334	7 943	241	
江　西	17 482	13 300		110	3 054	385	633	
山　东	70 263	10 557		1 241	52 628	3 608	2 229	
河　南	63 511	10 300	3 179	1 051	31 523	17 458		
湖　北	43 589	6 041	23	956	33 634	2 935		
湖　南	35 043	6 346		43	23 184	5 470		
广　东	58 031	2 931		10	7 492	42 817	1 950	2 831
广　西	20 665	5 489	373	57	12 130	2 614	2	
海　南	6 333	145			2 590	3 156	442	
重　庆	24 478	135		1 466	22 396	481		
四　川	45 976	4 959		170	30 536	10 311		
贵　州	45 310	9 320		4 390	9 988	3 883	496	17 233
云　南	31 163	17 435		23	9 821	3 494	379	11
西　藏	2 357	581					219	1 557
陕　西	38 592	488		301	18 928	10 170		8 705
甘　肃	39 281	1 782		1 341	30 977	5 014		167
青　海	14 092	2 457			10 327	1 308		
宁　夏	16 653	2 075			14 447	131		
新　疆	54 599	315		6 635	45 885	1 583	181	

4-10　全国巡游出租汽车客运量

地　区	载客车次总数 （万车次）	运营里程 （万公里）	载客里程	客运量 （万人次）
全国总计	1 488 286	12 237 733	7 825 055	2 669 048
北　京	15 322	301 327	191 200	21 451
天　津	5 954	97 728	39 184	7 740
河　北	46 819	518 551	315 158	81 514
山　西	44 311	354 240	218 537	73 348
内蒙古	75 439	573 010	363 496	135 652
辽　宁	107 806	907 581	570 848	201 855
吉　林	94 280	683 042	498 807	167 188
黑龙江	114 979	721 061	482 378	225 765
上　海	20 176	338 860	203 825	36 115
江　苏	38 850	462 680	254 327	77 469
浙　江	37 396	374 306	216 163	65 790
安　徽	61 955	533 986	348 334	117 927
福　建	26 051	232 584	148 430	47 148
江　西	21 322	138 394	87 433	41 095
山　东	55 361	626 082	375 292	96 469
河　南	66 253	575 603	387 832	123 833
湖　北	57 814	495 201	292 829	108 162
湖　南	58 490	378 630	245 080	111 446
广　东	54 982	643 290	383 446	100 383
广　西	13 711	147 889	90 267	22 185
海　南	4 617	60 418	41 709	9 875
重　庆	50 364	382 934	242 943	73 532
四　川	86 833	575 795	373 281	154 997
贵　州	76 762	376 567	266 370	147 362
云　南	33 619	220 949	137 497	64 038
西　藏	5 333	32 350	25 522	9 247
陕　西	50 994	385 794	256 553	92 084
甘　肃	47 890	326 960	226 416	75 390
青　海	17 896	125 116	89 450	27 157
宁　夏	22 828	144 556	97 745	38 533
新　疆	73 880	502 250	354 704	114 299

4-11 全国城市轨道交通配属车辆数

地区	配属车辆数（辆）								配属列车数（列）
	合计	地铁	轻轨	单轨	有轨电车	磁浮	自动导向	市域快速轨道	
全国总计	57 286	53 060	980	1 006	1 653	101	44	442	9 874
北　京	7 098	6 988			50	60			1 155
天　津	1 448	1 272	152		24				258
河　北	486	486							81
山　西	144	144							24
内蒙古	312	312							52
辽　宁	1 653	1 074	288		291				396
吉　林	893	306	540		47				190
黑龙江	522	522							87
上　海	7 227	7 166				17	44		1 158
江　苏	4 627	4 216			411				846
浙　江	3 615	3 336			13			266	632
安　徽	1 290	1 086		204					220
福　建	1 080	1 080							180
江　西	816	816							136
山　东	1 629	1 622			7				308
河　南	1 638	1 638							273
湖　北	3 124	2 830			294				574
湖　南	894	870				24			153
广　东	7 311	6 890			245			176	1 282
广　西	876	876							146
海　南	14				14				14
重　庆	2 248	1 446		802					374
四　川	4 622	4 442			180				696
贵　州	498	498							83
云　南	792	732			60				137
西　藏									
陕　西	2 094	2 094							349
甘　肃	173	156			17				43
青　海									
宁　夏									
新　疆	162	162							27

4-12　全国城市轨道交通运营线路条数

单位：条

地区	运营线路条数							
	合计	地铁	轻轨	单轨	有轨电车	磁浮	自动导向	市域快速轨道
全国总计	275	223	7	4	33	3	1	4
北　京	27	24			2	1		
天　津	9	7	1		1			
河　北	3	3						
山　西	1	1						
内蒙古	2	2						
辽　宁	17	6	3		8			
吉　林	7	2	3		2			
黑龙江	3	3						
上　海	20	18				1	1	
江　苏	30	25			5			
浙　江	19	15			1			3
安　徽	7	5		2				
福　建	5	5						
江　西	4	4						
山　东	10	9			1			
河　南	9	9						
湖　北	14	11			3			
湖　南	6	5				1		
广　东	35	28			6			1
广　西	5	5						
海　南	1				1			
重　庆	9	7		2				
四　川	13	12			1			
贵　州	2	2						
云　南	6	5			1			
西　藏								
陕　西	8	8						
甘　肃	2	1			1			
青　海								
宁　夏								
新　疆	1	1						

4-13　全国城市轨道交通运营里程

单位：公里

地　区	运营里程							
	合计	地铁	轻轨	单轨	有轨电车	磁浮	自动导向	市域快速轨道
全国总计	**8 735.6**	**7 664.0**	**262.9**	**144.7**	**420.5**	**57.8**	**6.0**	**179.7**
北　京	783.0	751.8			21.0	10.2		
天　津	272.3	212.1	52.3		7.9			
河　北	74.3	74.3						
山　西	23.3	23.3						
内蒙古	49.0	49.0						
辽　宁	407.1	168.2	146.9		92.0			
吉　林	124.2	43.0	63.7		17.5			
黑龙江	78.1	78.1						
上　海	831.0	796.0				29.0	6.0	
江　苏	946.5	865.5			81.0			
浙　江	648.5	516.5			10.6			121.4
安　徽	199.8	153.6		46.2				
福　建	156.8	156.8						
江　西	128.5	128.5						
山　东	377.2	368.4			8.8			
河　南	249.4	249.4						
湖　北	478.6	429.5			49.1			
湖　南	161.6	143.0				18.6		
广　东	1 137.5	1 020.6			58.6			58.3
广　西	128.2	128.2						
海　南	8.4				8.4			
重　庆	369.5	271.0		98.5				
四　川	557.8	518.5			39.3			
贵　州	74.4	74.4						
云　南	152.8	139.4			13.4			
西　藏								
陕　西	252.6	252.6						
甘　肃	38.4	25.5			12.9			
青　海								
宁　夏								
新　疆	26.8	26.8						

注：上海城市轨道交通运营里程含江苏（昆山）境内约6公里。

4-14　全国城市轨道交通客运量

地　区	运营车公里（万车公里）	客运量（万人次）	旅客周转量（万人公里）
全国总计	572 317	2 372 692	19 829 343
北　京	66 432	306 621	2 837 798
天　津	14 677	46 379	378 392
河　北	3 538	9 202	42 543
山　西	1 417	3 919	24 855
内蒙古	2 539	5 377	30 777
辽　宁	15 039	56 058	454 077
吉　林	4 136	20 553	108 985
黑龙江	2 636	7 239	49 866
上　海	70 152	356 997	3 273 216
江　苏	48 411	155 748	1 223 326
浙　江	39 996	117 476	992 926
安　徽	8 501	27 371	202 134
福　建	9 611	28 862	206 215
江　西	6 553	25 602	165 268
山　东	14 754	30 389	292 301
河　南	12 509	44 949	346 392
湖　北	28 137	101 270	829 996
湖　南	11 124	58 790	357 248
广　东	91 523	508 358	4 160 378
广　西	7 730	28 876	265 673
海　南	44	107	375
重　庆	28 093	109 709	971 486
四　川	47 259	180 098	1 446 513
贵　州	3 780	8 974	82 242
云　南	8 218	21 906	216 214
西　藏			
陕　西	22 774	102 303	782 809
甘　肃	1 452	6 500	59 681
青　海			
宁　夏			
新　疆	1 281	3 062	27 659

注：上海城市轨道交通客运量含江苏（昆山）境内约 1843 万人次。

4-15　全国城市客运轮渡船舶及航线数

地　区	运营船数（艘）	运营航线条数（条）	运营航线总长度（公里）
全国总计	**196**	**84**	**376.3**
北　京			
天　津			
河　北			
山　西			
内蒙古			
辽　宁			
吉　林			
黑龙江	24	11	40.1
上　海	35	17	12.4
江　苏	12	3	6.6
浙　江	3	1	3.3
安　徽			
福　建	22	9	50.4
江　西			
山　东			
河　南			
湖　北	25	10	61.1
湖　南	6	3	5.2
广　东	57	23	127.2
广　西			
海　南			
重　庆	12	7	70.0
四　川			
贵　州			
云　南			
西　藏			
陕　西			
甘　肃			
青　海			
宁　夏			
新　疆			

4-16 全国城市客运轮渡运量

地 区	客运量（万人次）	机动车运量（辆）	非机动车运量（辆）
全国总计	5 053	938 812	17 374 806
北　京			
天　津			
河　北			
山　西			
内蒙古			
辽　宁			
吉　林			
黑龙江	139		
上　海	1 225	340 114	16 209 176
江　苏	289		994 000
浙　江	29	298	3 862
安　徽			
福　建	1 451		
江　西			
山　东			
河　南			
湖　北	525	598 400	45 800
湖　南	3		
广　东	1 276		121 968
广　西			
海　南			
重　庆	116		
四　川			
贵　州			
云　南			
西　藏			
陕　西			
甘　肃			
青　海			
宁　夏			
新　疆			

主要统计指标解释

经营业户 指截至报告期末持有主管部门核发的有效运营资质证件，从事城市客运交通经营活动的业户。按经营类别，分为公共汽电车、巡游出租汽车、城市轨道交通和城市客运轮渡经营业户。计算单位：户。

公交专用车道 指为了调整公共交通车辆与其他社会车辆的路权使用分配关系，提高公共交通车辆运营速度和道路资源利用率而科学、合理设置的公共交通优先车道、专用车道（路）、路口专用线（道）、专用街道、单向优先专用线（道）等。计算单位：公里。

城市轨道交通运营车站数 指城市轨道交通运营线路上供乘客候车和上下车的场所个数，包括地面、地下、高架车站。换乘站按一座车站计算。计算单位：个。

城市客运轮渡在用码头数 指报告期末在用的、供城市客运轮渡停靠和乘客购票、候船和乘降的场所个数。计算单位：个。

公共汽电车运营车数 指公共汽电车经营业户用于公共客运交通运营业务的全部公共汽电车车辆数。新购、新制和调入的运营车辆，自投入运营之日起开始计算；调出、报废和调作他用的运营车辆，自上级主管机关批准之日起不再计入。可按不同车长、不同燃料类型、不同排放标准和是否配备空调等分别统计。计算单位：辆。

公共汽电车标准运营车数 指不同类型的运营车辆按统一的标准当量折算合成的运营车数。计算单位：标台。计算公式：标准运营车数 = ∑（每类型车辆数 × 相应换算系数）。

各类型车辆换算系数标准表

类别	车长范围	换算系数
1	5 米以下（含）	0.5
2	5~7 米（含）	0.7
3	7~10 米（含）	1.0
4	10~13 米（含）	1.3
5	13~16 米（含）	1.7
6	16~18 米（含）	2.0
7	18 米以上	2.5
8	双层	1.9

公共汽电车停保场面积 指为公共电汽车提供运营车辆集中停放，或提供车辆停放场地的同时备有必要设施，能对运营车辆进行各级保养及相应的配件加工、修制和修车材料存储、发放的场所占地面积。公共汽电车停车保养场可分散专门建设，也可与公交首末站等站点进行合建。计算单位：平方米。

公共汽电车运营线路条数 指为运营车辆设置的固定运营线路条数，包括干线、支线、专线和高峰时间行驶的固定线路，不包括临时行驶和联营线路。计算单位：条。

公共汽电车运营线路总长度 指全部运营线路长度之和。单向行驶的环行线路长度等于起点至终点里程与终点下客站至起点里程之和的一半。运营线路长度不包括折返、试车、联络线等非运营线路。计算单位：公里。

公共汽电车运营里程 指报告期内运营车辆为运营而出车行驶的全部里程，包括载客里程和空驶里程。计算单位：公里。

公共汽电车客运量 指报告期内公共汽电车运送乘客的总人次，包括付费乘客和不付费乘客人次。计算单位：人次。

巡游出租汽车载客车次总数 指巡游出租汽车年载客运行的总次数，数据可通过计价器、车载 GPS 等车载设备采集获得。计算单位：车次。

巡游出租汽车客运量 指报告期内巡游出租汽车运送乘客的总人次。计算单位：人次。

城市轨道交通配属车辆数 指城市轨道交通经营业户用于城市轨道交通运营服务的全部车辆数。以本单位固定资产台账中已投入运营的车辆数为准；新购、新制和调入的运营车辆，自投入运营之日起开始计算；调出、报废和调作他用的运营车辆，自上级主管机关批准之日起不再计入。计算单位：辆。

城市轨道交通配属列车数 指报告期内用于城市轨道交通运营服务的全部列车数。计算单位：列。

城市轨道交通运营线路条数 指为运营列车设置的固定线路总条数。按规划设计为同一条线路但分期建成的线路，统计时仍按一条线路计算。计算单位：条。

城市轨道交通客运量 指报告期内城市轨道交通运送乘客的总人次，包括付费乘客和不付费乘客人次。计算单位：人次。

城市轨道交通旅客周转量 指报告期内城市轨道交通企业运送的每位乘客与其相应运送距离的乘积之和。计算单位：人公里。

城市轨道交通运营车公里 指报告期内城市轨道交通车辆在运营中运行的全部里程，包括载客里程和调度空驶里程。计算单位：车公里。

运营船数 指用于城市客运轮渡运营业务的全部船舶数，不含旅游客轮（长途旅游和市内供游人游览江、河、湖泊的船舶）。计算单位：艘。

运营航线条数 指为运营船舶设置的固定航线的总条数，包括对江航线和顺江航线。计算单位：条。

运营航线总长度 指全部运营航线长度之和。测定运营航线的长度，应按实际航程的曲线长度计算。水位变化大的对江河客渡航线长度，可通过实测计算出一个平均长度，作为常数值使用。计算单位：公里。

轮渡客运量 指报告期内城市客运轮渡运输经营业户运送乘客的总人次。计算单位：人次。

轮渡机动车运量 指报告期内城市客运轮渡运输经营业户运送机动车（如电瓶车、摩托车等）的总量。计算单位：辆。

轮渡非机动车运量 指报告期内城市客运轮渡运输经营业户运送非机动车（如自行车、三轮车等）的总量。计算单位：辆。

五、港口吞吐量

简要说明

一、本篇资料反映我国港口发展的基本情况。主要包括全国港口码头泊位拥有量、全国港口吞吐量等。

二、从 2019 年 1 月起，港口统计范围由规模以上港口调整为全国所有获得港口经营许可的业户，滚装汽车吞吐量按实际重量统计，采用企业一套表联网直报系统汇总行业数据。

三、全国港口的码头泊位拥有量为年末生产用码头泊位数，根据各港口企业和生产活动单位的资料整理，由各省（自治区、直辖市）交通运输厅（局、委）提供。

四、进出港船舶的统计范围为：总吨在 5 吨以上（或总载重量 10 吨以上）的各种运输船舶、工程技术船舶等，包括来港避风的船舶、从事商业性运输或作业的军用、公安、体育运动及渔业船舶。

5-1 全国港口生产用码头泊位拥有量（分省）

地 区	泊位长度（米）		生产用码头泊位数（个）		#万吨级泊位数（个）	
	总长	公用	总数	公用	总数	公用
全国总计	1 984 402	1 083 453	20 867	9 528	2 659	2 011
沿海合计	895 190	604 503	5 419	3 098	2 207	1 717
天　津	40 973	40 613	160	158	127	126
河　北	62 928	51 796	256	205	208	177
辽　宁	87 283	71 367	432	346	249	212
上　海	76 480	38 780	567	222	185	115
江　苏	31 931	23 749	185	146	93	69
浙　江	143 312	52 688	1 080	298	268	140
福　建	78 851	59 642	430	305	190	160
山　东	125 201	101 881	616	450	358	311
广　东	180 586	119 703	1 270	722	349	274
广　西	40 993	29 185	274	159	101	81
海　南	26 652	15 099	149	87	79	52
内河合计	1 089 212	478 950	15 448	6 430	452	294
山　西						
辽　宁	345	345	6	6		
吉　林	1 726	1 238	31	19		
黑龙江	11 834	10 435	154	138		
上　海	35 856	4 407	766	154		
江　苏	472 059	147 199	5 724	1 319	436	280
浙　江	122 311	24 262	2 473	703		
安　徽	69 241	48 411	823	611	16	14
福　建						
江　西	27 733	19 332	457	341		
山　东	16 244	15 457	221	212		
河　南	8 689	1 299	146	20		
湖　北	81 169	51 214	772	433		
湖　南	29 210	23 283	577	479		
广　东	54 738	24 084	809	390		
广　西	34 606	18 217	527	242		
重　庆	48 370	40 532	478	396		
四　川	27 205	23 755	371	338		
贵　州	24 379	6 087	441	92		
云　南	9 284	5 431	228	99		
陕　西	11 127	11 127	258	258		
甘　肃	3 086	2 835	186	180		

5-2　全国港口吞吐量（分省）

地　区	旅客吞吐量 （万人）	货物吞吐量 （万吨）	外贸	集装箱吞吐量	
				箱量 （万TEU）	重量 （万吨）
全国总计	4 774	1 554 534	469 736	28 272	318 593
沿海合计	4 652	997 259	418 806	24 933	276 003
天　津		52 954	29 422	2 027	20 409
河　北		123 427	32 404	481	4 726
辽　宁	265	78 768	27 254	1 135	15 411
上　海	20	69 827	41 491	4 703	45 691
江　苏		38 127	16 948	541	5 282
浙　江	276	149 010	59 170	3 489	33 400
福　建	273	69 190	25 960	1 746	21 978
山　东	694	178 158	99 506	3 447	41 464
广　东	1 849	181 604	66 194	6 429	71 588
广　西	9	35 822	16 694	601	11 174
海　南	1 265	20 373	3 763	334	4 881
内河合计	122	557 275	50 930	3 340	42 590
山　西					
辽　宁					
吉　林					
黑龙江		396	95	1	12
上　海		7 143			
江　苏		282 709	42 550	1 639	20 588
浙　江	3	43 824	263	122	1 476
安　徽		58 326	1 522	204	1 858
福　建					
江　西		22 905	444	78	1 251
山　东		6 585			
河　南		2 154		2	24
湖　北	48	48 831	1 787	284	3 012
湖　南		14 094	460	82	1 114
广　东		27 996	2 976	649	8 746
广　西		19 837	116	119	2 240
重　庆	71	19 804	578	133	1 882
四　川		2 044	140	26	386
贵　州		25			
云　南		602			
陕　西					
甘　肃					

5-3　全国港口货物吞吐量（分省）

地　区	合计（万吨）	液体散货（万吨）	干散货（万吨）	件杂货（万吨）	集装箱 箱量（万TEU）	集装箱 重量（万吨）	滚装汽车 数量（万辆）	滚装汽车 重量（万吨）
全国总计	1 554 534	131 616	899 295	178 519	28 272	318 593	1 985	26 511
沿海合计	997 259	116 986	485 885	93 566	24 933	276 003	1 749	24 819
天　津	52 954	7 377	21 148	3 830	2 027	20 409	99	190
河　北	123 427	3 013	108 814	6 874	481	4 726		
辽　宁	78 768	16 882	29 284	13 490	1 135	15 411	200	3 702
上　海	69 827	2 404	14 522	6 862	4 703	45 691	193	348
江　苏	38 127	828	25 371	6 370	541	5 282	15	276
浙　江	149 010	23 902	80 036	10 750	3 489	33 400	142	923
福　建	69 190	6 146	35 931	5 117	1 746	21 978	8	18
山　东	178 158	30 713	84 162	16 472	3 447	41 464	191	5 347
广　东	181 604	20 295	63 893	18 555	6 429	71 588	525	7 273
广　西	35 822	2 808	19 150	2 682	601	11 174	2	8
海　南	20 373	2 620	3 574	2 563	334	4 881	375	6 734
内河合计	557 275	14 630	413 410	84 953	3 340	42 590	235	1 692
山　西								
辽　宁								
吉　林								
黑龙江	396		319	63	1	12		2
上　海	7 143	53	6 057	1 033				
江　苏	282 709	9 481	213 796	38 816	1 639	20 588	14	28
浙　江	43 824	531	28 677	13 140	122	1 476		
安　徽	58 326	522	48 589	7 332	204	1 858	24	24
福　建								
江　西	22 905	449	16 482	4 722	78	1 251		
山　东	6 585		6 361	224				
河　南	2 154		1 085	1 045	2	24		
湖　北	48 831	908	37 134	6 910	284	3 012	109	867
湖　南	14 094	733	10 312	1 859	82	1 114	21	77
广　东	27 996	762	14 428	4 060	649	8 746		
广　西	19 837	128	16 514	955	119	2 240		
重　庆	19 804	991	11 931	4 305	133	1 882	67	695
四　川	2 044	72	1 388	199	26	386		
贵　州	25		25					
云　南	602		314	288				
陕　西								
甘　肃								

5-4　全国港口旅客吞吐量（分港口）

单位：万人

港口	总计	邮轮	发送量	国际航线
全国总计	4 774	3	2 393	27
1.沿海合计	4 652	3	2 330	27
辽宁合计	265		135	
丹　东				
大　连	265		135	
营　口				
盘　锦				
锦　州				
葫芦岛				
河北合计				
秦皇岛				
黄　骅				
唐　山				
天　津				
山东合计	694		342	
滨　州				
东　营	15		7	
潍　坊				
烟　台	663		329	
威　海	17		7	
青　岛				
日　照				
上　海	20		10	
江苏合计				
连云港				
盐　城				
浙江合计	276		139	
嘉　兴				
宁波舟山	276		139	
其中：宁　波	109		55	
舟　山	167		84	
台　州				
温　州				

5-4 （续表一）

单位：万人

港　　口	总计	邮轮	发送量	国际航线
福建合计	**273**		**135**	
福　　州				
其中：福州市港口				
宁德市港口				
莆　　田				
泉　　州				
厦　　门	273		135	
其中：厦门市港口	134		66	
漳州市港口	139		69	
广东合计	**1 849**	**1**	**929**	**27**
潮　　州				
汕　　头				
揭　　阳				
汕　　尾				
惠　　州				
深　　圳	260	1	148	27
东　　莞	…		…	…
广　　州	4		2	
中　　山	10		5	
珠　　海	323		153	…
江　　门				
阳　　江				
茂　　名				
湛　　江	1 253		620	
广西合计	**9**		**5**	
广西北部湾港	9		5	
其中：北　海	9		5	
钦　州				
防　城				
海南合计	**1 265**	**2**	**635**	
海　　口	1 257		631	
洋　　浦				
八　　所				
三　　亚	7	2	4	
清　　澜				
海南其他				
2. 内河合计	**122**		**63**	
黑龙江合计				
黑　　河				

5-4 （续表二）

单位：万人

港　口	总计	邮轮	发送量	国际航线
肇　源				
哈尔滨				
佳木斯				
黑龙江其他				
山东合计				
济　宁				
枣　庄				
山东其他				
上　海				
江苏合计				
南　京				
镇　江				
苏　州				
南　通				
常　州				
江　阴				
扬　州				
泰　州				
徐　州				
连云港				
无　锡				
宿　迁				
淮　安				
扬州内河				
镇江内河				
苏州内河				
常州内河				
江苏其他				
浙江合计	**3**		**2**	
杭　州	3		2	
嘉兴内河				
湖　州				
宁波内河				
绍　兴				
金　华				
青　田				
浙江其他				

5-4 （续表三）

单位：万人

港口	总计	邮轮	发送量	国际航线
安徽合计				
马鞍山				
芜湖				
铜陵				
池州				
安庆				
阜阳				
合肥				
六安				
滁州				
淮南				
蚌埠				
亳州				
安徽其他				
江西合计				
南昌				
九江				
樟树				
江西其他				
河南合计				
湖北合计	**48**		**24**	
嘉鱼				
武汉				
黄州				
鄂州				
黄石				
襄阳				
荆州				
宜昌	48		24	
潜江				
天门				
汉川				
湖北其他				
湖南合计				
长沙				
湘潭				
株洲				

5-4 （续表四）

单位：万人

港　口	总计	邮轮	发送量	国际航线
岳　阳				
沅　陵				
常　德				
湖南其他				
广东合计				
番　禺				
新　塘				
五　和				
中　山				
佛　山				
江　门				
东　莞				
肇　庆				
惠　州				
云　浮				
韶　关				
清　远				
河　源				
广西合计				
南　宁				
柳　州				
贵　港				
梧　州				
来　宾				
广西其他				
重　庆	**71**		**37**	
四川合计				
泸　州				
宜　宾				
乐　山				
南　充				
四川其他				
贵州合计				
云南合计				
昭　通				
云南其他				

5-5　全国港口货物吞吐量（分港口）

单位：万吨

港口	总计	外贸	出港	外贸	进港	外贸
全国总计	1 554 534	469 736	682 484	118 272	872 050	351 464
1.沿海合计	997 259	418 806	443 570	107 034	553 689	311 772
辽宁合计	78 768	27 254	43 113	5 628	35 654	21 626
丹东	4 161	1 924	1 925	143	2 236	1 781
大连	31 553	13 861	15 654	3 897	15 899	9 964
营口	22 997	8 041	12 404	1 241	10 593	6 800
盘锦	5 592	1 264	2 403	67	3 189	1 198
锦州	10 384	2 068	7 397	281	2 987	1 787
葫芦岛	4 081	96	3 330		751	96
河北合计	123 427	32 404	87 892	1 037	35 535	31 367
秦皇岛	20 053	525	19 336	143	717	382
黄骅	31 134	6 317	23 098	54	8 036	6 263
唐山	72 240	25 563	45 458	840	26 782	24 723
天津	52 954	29 422	26 153	9 314	26 800	20 108
山东合计	178 158	99 506	62 486	18 626	115 672	80 880
滨州	4 007	22	281	5	3 725	17
东营	5 880	567	2 289	6	3 591	561
潍坊	4 515	745	1 071	259	3 443	486
烟台	42 337	16 484	17 941	2 681	24 396	13 803
威海	4 273	1 239	2 423	637	1 851	603
青岛	63 029	45 881	24 604	13 976	38 426	31 905
日照	54 117	34 568	13 877	1 062	40 240	33 505
上海	69 827	41 491	30 627	21 871	39 200	19 620
江苏合计	38 127	16 948	14 849	3 932	23 277	13 016
连云港	26 918	13 919	10 389	2 624	16 529	11 295
盐城	11 209	3 029	4 460	1 308	6 749	1 721
浙江合计	149 010	59 170	58 416	16 892	90 594	42 278
嘉兴	12 691	1 438	3 795	402	8 896	1 035
宁波舟山	122 405	56 179	53 467	16 220	68 938	39 959
其中：宁波	62 340	36 832	24 595	15 195	37 745	21 637
舟山	60 065	19 347	28 872	1 025	31 193	18 322
台州	5 938	1 146	498	109	5 440	1 037
温州	7 976	407	656	160	7 320	246

5-5 （续表一）

单位：万吨

港口	总计		出港		进港	
		外贸		外贸		外贸
福建合计	**69 190**	**25 960**	**29 325**	**7 172**	**39 865**	**18 788**
福　州	27 352	7 246	12 600	1 389	14 753	5 857
其中：福州市港口	21 066	5 748	9 276	1 326	11 791	4 422
宁德市港口	6 286	1 498	3 324	63	2 962	1 435
莆　田	5 012	3 275	1 138	487	3 874	2 788
泉　州	14 070	3 768	6 151	637	7 918	3 131
厦　门	22 756	11 671	9 436	4 660	13 320	7 011
其中：厦门市港口	17 553	10 403	7 688	4 638	9 866	5 765
漳州市港口	5 203	1 268	1 748	22	3 454	1 246
广东合计	**181 604**	**66 194**	**71 477**	**20 207**	**110 127**	**45 987**
潮　州	1 737	918	163	17	1 574	901
汕　头	4 138	1 482	1 055	223	3 083	1 258
揭　阳	2 768	668	85		2 683	668
汕　尾	1 666	578			1 666	578
惠　州	8 983	4 241	2 467	765	6 516	3 476
深　圳	27 838	20 851	15 484	11 444	12 353	9 407
东　莞	18 235	3 542	6 581	319	11 654	3 223
广　州	62 367	15 795	27 336	5 434	35 032	10 361
中　山	1 397	531	688	365	709	167
珠　海	12 826	3 792	4 552	649	8 274	3 142
江　门	7 804	625	3 658	369	4 146	256
阳　江	3 403	1 103	531	4	2 872	1 099
茂　名	2 887	1 365	695	145	2 193	1 220
湛　江	25 555	10 703	8 181	473	17 373	10 230
广西合计	**35 822**	**16 694**	**11 044**	**1 709**	**24 777**	**14 984**
广西北部湾港	35 822	16 694	11 044	1 709	24 777	14 984
其中：北　海	4 323	1 564	1 415	139	2 908	1 425
钦　州	16 699	5 370	6 361	844	10 338	4 526
防　城	14 800	9 760	3 269	726	11 531	9 034
海南合计	**20 373**	**3 763**	**8 186**	**645**	**12 187**	**3 118**
海　口	12 159	401	5 113	35	7 046	366
洋　浦	5 561	2 878	2 087	541	3 474	2 337
八　所	1 652	458	741	69	911	390
三　亚	236	22	7	…	229	22
清　澜	264	4	156		107	4
海南其他	502		81		421	
2. 内河合计	**557 275**	**50 930**	**238 914**	**11 238**	**318 362**	**39 692**
黑龙江合计	**396**	**95**	**47**	**32**	**349**	**63**
黑　河	55	55	26	26	30	30

5-5 （续表二）

单位：万吨

港口	总计	外贸	出港	外贸	进港	外贸
肇 源						
哈尔滨	299		14		286	
佳木斯	41	39	8	6	33	33
黑龙江其他						
山东合计	6 585		5 393		1 192	
济 宁	4 600		3 627		973	
枣 庄	1 713		1 561		152	
山东其他	272		205		66	
上 海	7 143		1 001		6 143	
江苏合计	282 709	42 550	102 260	7 516	180 449	35 033
南 京	26 855	3 211	8 927	1 463	17 928	1 748
镇 江	23 706	4 892	9 517	693	14 189	4 200
苏 州	56 590	17 100	21 611	3 863	34 979	13 237
南 通	30 851	5 382	11 812	362	19 039	5 020
常 州	5 202	1 206	2 099	125	3 103	1 081
江 阴	33 757	6 658	14 695	290	19 062	6 368
扬 州	10 144	1 269	3 711	256	6 433	1 013
泰 州	35 291	2 726	15 506	396	19 785	2 330
徐 州	4 674		2 863		1 811	
连云港						
无 锡	7 308	42	1 471	25	5 838	16
宿 迁	1 860	1	253	1	1 607	…
淮 安	7 373		1 744		5 629	
扬州内河	428		38		390	
镇江内河	958		357		601	
苏州内河	17 668	62	1 903	42	15 765	20
常州内河	9 053		3 250		5 803	
江苏其他	10 991	1	2 502		8 488	1
浙江合计	43 824	263	17 025	146	26 799	118
杭 州	14 655	8	8 532	…	6 123	8
嘉兴内河	12 637	44	1 426	22	11 211	22
湖 州	13 108	212	6 391	124	6 717	88
宁波内河	291				291	
绍 兴	2 104		122		1 982	
金 华	205		77		128	
青 田	291		260		31	
浙江其他	535		218		317	

5-5 （续表三）

单位：万吨

港口	总计	外贸	出港	外贸	进港	外贸
安徽合计	**58 326**	**1 522**	**31 886**	**274**	**26 439**	**1 248**
马鞍山	11 046	1 063	3 164	7	7 882	1 056
芜湖	13 475	315	8 124	183	5 351	132
铜陵	8 498	29	5 412	10	3 086	19
池州	12 602	21	10 996	21	1 606	
安庆	2 438	43	1 170	22	1 268	21
阜阳	264		72		193	
合肥	4 282	49	1 097	30	3 185	19
六安	319		265		54	
滁州	1 204		212		992	
淮南	1 139		445		695	
蚌埠	1 759	2	223	2	1 536	…
亳州	19		10		8	
安徽其他	1 280		697		583	
江西合计	**22 905**	**444**	**10 220**	**220**	**12 684**	**224**
南昌	3 701	83	793	55	2 908	28
九江	15 175	358	8 485	163	6 690	195
樟树	5		3		2	
江西其他	4 024	2	940	2	3 084	…
河南合计	**2 154**	**…**	**1 345**	**…**	**810**	
湖北合计	**48 831**	**1 787**	**26 874**	**649**	**21 956**	**1 138**
嘉鱼	1 225		294		931	
武汉	11 679	964	2 883	518	8 795	446
黄州	1 007		618		389	
鄂州	2 176		787		1 389	
黄石	4 992	731	3 221	66	1 772	666
襄阳	4		4			
荆州	4 375	42	1 533	24	2 842	18
宜昌	11 470	50	7 426	41	4 044	9
潜江	104		…		104	
天门						
汉川	9				9	
湖北其他	11 790		10 108		1 682	
湖南合计	**14 094**	**460**	**4 593**	**234**	**9 501**	**226**
长沙	1 689	117	284	74	1 405	44
湘潭	1 936		328		1 608	
株洲	20				20	

5-5 （续表四）

单位：万吨

港口	总计	外贸	出港	外贸	进港	外贸
岳　阳	8 957	343	3 364	160	5 593	183
沅　陵						
常　德	108		26		82	
湖南其他	1 384		592		792	
广东合计	27 996	2 976	12 475	1 794	15 521	1 182
番　禺	672		114		558	
新　塘	1 142	3	111	2	1 032	2
五　和	949	119	360	39	589	80
中　山	37	17	13	9	24	8
佛　山	9 341	2 041	2 916	1 297	6 425	744
江　门	2 706	378	1 189	243	1 517	135
东　莞	661	…	120	…	541	…
肇　庆	4 657	213	2 374	131	2 283	83
惠　州	661		116		545	
云　浮	4 307	155	3 368	53	940	102
韶　关	291		70		221	
清　远	2 570	49	1 723	22	847	28
河　源						
广西合计	19 837	116	15 301	79	4 536	37
南　宁	980	…	471	…	508	…
柳　州	38	…	14	…	24	…
贵　港	10 227	39	7 496	32	2 731	8
梧　州	6 004	76	4 993	46	1 011	29
来　宾	1 578		1 542		36	
广西其他	1 011		785		226	
重　庆	19 804	578	9 636	277	10 168	301
四川合计	2 044	140	805	17	1 239	123
泸　州	743	115	236	13	506	102
宜　宾	532	19	362	4	170	15
乐　山	33		33		…	
南　充	…				…	
四川其他	736	5	173		563	5
贵州合计	25		25			
云南合计	602		27		575	
昭　通	602		27		575	
云南其他						

5-6 全国港口分货类吞吐量

单位：万吨

货物种类	总计	外贸	出港	外贸	进港	外贸
总　计	1 554 534	469 736	682 484	118 272	872 050	351 464
煤炭及制品	283 109	31 293	128 802	1 617	154 307	29 676
石油、天然气及制品	131 616	73 425	36 389	5 460	95 226	67 965
其中：原油	68 428	50 277	9 515	625	58 913	49 653
金属矿石	239 931	141 966	52 502	2 703	187 429	139 263
钢铁	68 600	8 493	38 103	5 496	30 497	2 997
矿建材料	272 546	3 535	135 477	2 026	137 069	1 509
水泥	48 123	2 654	31 624	185	16 499	2 469
木材	12 464	9 283	2 643	731	9 822	8 552
非金属矿石	53 565	10 771	24 522	1 529	29 044	9 242
化学肥料及农药	7 002	3 301	4 692	2 793	2 310	509
盐	2 770	538	1 372	82	1 398	456
粮食	38 853	16 970	11 163	310	27 689	16 660
机械、设备、电器	17 454	7 743	11 187	6 279	6 267	1 464
化工原料及制品	33 767	10 079	14 583	2 597	19 184	7 482
有色金属	1 451	789	507	199	944	590
轻工、医药产品	14 828	5 757	6 908	2 304	7 920	3 452
农、林、牧、渔业产品	5 846	2 518	1 819	273	4 028	2 246
其他	322 608	140 621	180 190	83 690	142 418	56 932

5-7　沿海港口分货类吞吐量

单位：万吨

货物种类	总计	外贸	出港	外贸	进港	外贸
总　计	997 259	418 806	443 570	107 034	553 689	311 772
煤炭及制品	183 178	27 689	98 882	1 550	84 296	26 139
石油、天然气及制品	116 986	71 028	31 495	5 029	85 491	65 999
其中：原油	66 727	50 267	9 433	625	57 294	49 642
金属矿石	160 718	124 765	27 712	2 702	133 006	122 063
钢铁	37 945	6 919	23 659	4 977	14 286	1 941
矿建材料	94 826	3 012	56 070	1 865	38 756	1 147
水泥	12 150	1 694	4 320	128	7 830	1 566
木材	8 123	6 854	1 487	716	6 636	6 139
非金属矿石	26 146	10 093	10 384	1 287	15 762	8 805
化学肥料及农药	3 484	2 368	2 530	1 888	953	480
盐	1 167	512	393	61	774	451
粮食	24 379	13 941	6 709	265	17 670	13 676
机械、设备、电器	15 420	6 549	9 412	5 157	6 008	1 392
化工原料及制品	20 401	6 810	9 421	1 739	10 980	5 071
有色金属	1 197	697	398	186	799	511
轻工、医药产品	12 918	5 055	6 032	2 156	6 886	2 898
农、林、牧、渔业产品	4 154	2 038	1 182	239	2 972	1 799
其他	274 067	128 783	153 484	77 089	120 583	51 694

5-8 内河港口分货类吞吐量

单位：万吨

货物种类	总计	外贸	出港	外贸	进港	外贸
总　计	557 275	50 930	238 914	11 238	318 362	39 692
煤炭及制品	99 931	3 603	29 919	67	70 011	3 537
石油、天然气及制品	14 630	2 397	4 894	431	9 735	1 967
其中：原油	1 701	10	82		1 619	10
金属矿石	79 213	17 201	24 790	1	54 423	17 200
钢铁	30 656	1 574	14 445	518	16 211	1 056
矿建材料	177 720	523	79 407	160	98 313	362
水泥	35 974	960	27 304	57	8 669	903
木材	4 341	2 429	1 156	16	3 185	2 413
非金属矿石	27 419	678	14 138	241	13 281	437
化学肥料及农药	3 518	933	2 162	905	1 356	28
盐	1 604	26	979	21	624	4
粮食	14 474	3 030	4 454	46	10 020	2 984
机械、设备、电器	2 034	1 194	1 776	1 122	259	72
化工原料及制品	13 366	3 270	5 162	859	8 204	2 411
有色金属	254	92	109	13	145	79
轻工、医药产品	1 910	702	876	148	1 034	554
农、林、牧、渔业产品	1 692	480	636	34	1 056	447
其他	48 541	11 838	26 706	6 600	21 835	5 238

5-9　全国港口煤炭及制品吞吐量

单位：千吨

港口	总计	外贸	出港	外贸	进港	外贸
全国总计	2 831 088	312 927	1 288 015	16 165	1 543 072	296 761
1.沿海合计	1 831 782	276 893	988 821	15 499	842 961	261 394
辽宁合计	79 456	26 555	8 430	750	71 026	25 805
丹东	11 141	7 329	778		10 363	7 329
大连	25 357	2 914	334		25 023	2 914
营口	20 131	10 153	2 821	750	17 310	9 403
盘锦	9 098	1 685	477		8 622	1 685
锦州	9 807	4 473	3 844		5 963	4 473
葫芦岛	3 921		176		3 745	
河北合计	738 425	22 341	713 823	1 331	24 602	21 010
秦皇岛	174 794	171	174 613		181	171
黄骅	225 692	1 502	224 026	184	1 666	1 318
唐山	337 938	20 668	315 184	1 147	22 754	19 521
天津	66 707	1 954	66 594	1 932	112	22
山东合计	134 204	22 203	64 774	7 090	69 431	15 113
滨州	231	91			231	91
东营	721		59		662	
潍坊	2 656	281	592	281	2 065	
烟台	40 335	4 736	4 301	1 244	36 034	3 491
威海	9 073	640	409		8 664	640
青岛	23 086	6 038	15 988	2 665	7 098	3 373
日照	58 104	10 417	43 425	2 900	14 678	7 518
上海	49 077	16 145	34	5	49 043	16 140
江苏合计	51 308	8 047	20 493	1 856	30 815	6 191
连云港	31 171	6 032	18 173	1 856	12 999	4 176
盐城	20 136	2 015	2 320		17 816	2 015
浙江合计	199 673	21 975	32 109	215	167 563	21 759
嘉兴	47 349	375	13 654		33 696	375
宁波舟山	102 521	11 620	18 117	215	84 404	11 404
其中：宁波	63 393	4 208	5 741	89	57 652	4 119
舟山	39 129	7 411	12 376	126	26 753	7 286
台州	21 542	8 977			21 542	8 977
温州	28 260	1 003	338		27 921	1 003

5-9 （续表一）

单位：千吨

港　　口	总计	外贸	出港	外贸	进港	外贸
福建合计	**118 839**	**42 243**	**8 171**	**922**	**110 669**	**41 321**
福　州	41 823	15 770	590		41 233	15 770
其中：福州市港口	32 092	11 587	590		31 502	11 587
宁德市港口	9 731	4 182			9 731	4 182
莆　田	27 832	13 980	5 654	391	22 178	13 588
泉　州	18 876	2 458	98		18 778	2 458
厦　门	30 308	10 036	1 828	531	28 480	9 505
其中：厦门市港口	16 053	8 690	1 401	531	14 651	8 160
漳州市港口	14 255	1 346	427		13 828	1 346
广东合计	**303 645**	**81 745**	**67 316**	**1 164**	**236 329**	**80 581**
潮　州	14 004	8 112	689	135	13 315	7 977
汕　头	13 833	10 973	200	45	13 632	10 928
揭　阳	9 526	3 417			9 526	3 417
汕　尾	16 278	5 782			16 278	5 782
惠　州	14 035	2 694			14 035	2 694
深　圳	4 327	755			4 327	755
东　莞	46 453	9 414	16 768	65	29 685	9 349
广　州	75 888	19 157	30 124	482	45 765	18 675
中　山	26		11		15	
珠　海	44 693	6 882	16 360	164	28 333	6 718
江　门	13 050	1 608	…		13 050	1 608
阳　江	12 949	1 023	88		12 860	1 023
茂　名	4 664	247	321		4 343	247
湛　江	33 920	11 680	2 756	273	31 164	11 407
广西合计	**76 295**	**26 670**	**6 413**	**233**	**69 883**	**26 437**
广西北部湾港	76 295	26 670	6 413	233	69 883	26 437
其中：北　海	8 863	1 553	19		8 844	1 553
钦　州	35 040	10 187	4 626	7	30 414	10 180
防　城	32 393	14 929	1 768	226	30 625	14 703
海南合计	**14 153**	**7 016**	**664**		**13 490**	**7 016**
海　口	2 316	1 839	53		2 263	1 839
洋　浦	3 054	1 441	610		2 444	1 441
八　所	5 888	3 736			5 888	3 736
三　亚	…		…			
清　澜						
海南其他	2 895				2 895	
2. 内河合计	**999 306**	**36 033**	**299 195**	**666**	**700 111**	**35 367**
黑龙江合计	**231**	**104**	**127**		**104**	**104**
黑　河	71	71			71	71

5-9 （续表二）

单位：千吨

港口	总计	外贸	出港	外贸	进港	外贸
肇　源						
哈尔滨	107		107			
佳木斯	53	33	20		33	33
黑龙江其他						
山东合计	44 743		38 510		6 233	
济　宁	37 839		32 090		5 749	
枣　庄	5 199		4 723		476	
山东其他	1 705		1 697		8	
上　海	6				6	
江苏合计	636 072	34 984	212 795	653	423 277	34 331
南　京	73 401	3 818	19 913		53 488	3 818
镇　江	67 443	5 934	20 194	583	47 249	5 351
苏　州	125 713	10 676	37 027		88 685	10 676
南　通	53 493	6 589	18 257	34	35 236	6 555
常　州	4 569	1 258	532		4 038	1 258
江　阴	108 860	1 108	45 224	37	63 636	1 071
扬　州	32 431		12 462		19 969	
泰　州	86 951	5 601	35 633		51 319	5 601
徐　州	26 762		21 791		4 971	
连云港						
无　锡	12 219		516		11 703	
宿　迁	4 070		7		4 063	
淮　安	10 250		…		10 249	
扬州内河	1 439		…		1 439	
镇江内河	925		170		755	
苏州内河	18 752		1 028		17 724	
常州内河	5 644		33		5 611	
江苏其他	3 150		7		3 143	
浙江合计	30 758		824		29 934	
杭　州	3 407		29		3 378	
嘉兴内河	8 074		742		7 332	
湖　州	11 162		51		11 111	
宁波内河	260				260	
绍　兴	6 075				6 075	
金　华	991				991	
青　田	4				4	
浙江其他	784		1		784	

5-9 （续表三）

单位：千吨

港口	总计	外贸	出港	外贸	进港	外贸
安徽合计	**89 197**	**717**	**14 626**		**74 571**	**717**
马鞍山	12 577	717	76		12 500	717
芜　湖	25 037		6 098		18 939	
铜　陵	17 734		2 523		15 211	
池　州	5 692		1		5 691	
安　庆	8 700		89		8 611	
阜　阳	5		5			
合　肥	5 098		3		5 095	
六　安						
滁　州	235				235	
淮　南	8 289		4 101		4 188	
蚌　埠	3 968		171		3 797	
亳　州	40		40			
安徽其他	1 822		1 518		305	
江西合计	**52 161**		**4 751**		**47 410**	
南　昌	7 002		92		6 910	
九　江	30 325		972		29 353	
樟　树						
江西其他	14 834		3 687		11 147	
河南合计	**4 744**		**2 596**		**2 148**	
湖北合计	**37 390**	**180**	**6 303**		**31 087**	**180**
嘉　鱼	2 013				2 013	
武　汉	5 221		1 102		4 119	
黄　州	88		44		44	
鄂　州	5 922		1		5 921	
黄　石	6 200	180	181		6 019	180
襄　阳	37		37			
荆　州	6 179		94		6 085	
宜　昌	10 682		4 778		5 904	
潜　江	7				7	
天　门						
汉　川						
湖北其他	1 041		67		975	
湖南合计	**32 731**		**8 382**		**24 350**	
长　沙	1 458				1 458	
湘　潭	4 380				4 380	
株　洲	10				10	

5-9 （续表四）

单位：千吨

港口	总计	外贸	出港	外贸	进港	外贸
岳　阳	23 512		8 333		15 179	
沅　陵						
常　德						
湖南其他	3 371		49		3 322	
广东合计	32 876	35	266		32 610	35
番　禺	574				574	
新　塘	2 206				2 206	
五　和	276				276	
中　山						
佛　山	8 768	35	138		8 630	35
江　门	1 501				1 501	
东　莞	2 166	…	1		2 165	…
肇　庆	5 808		105		5 703	
惠　州	49		1		48	
云　浮	3 715		6		3 709	
韶　关	1 983		15		1 968	
清　远	5 829				5 829	
河　源						
广西合计	13 299		1 213		12 085	
南　宁	846		198		648	
柳　州	2				2	
贵　港	7 271		677		6 594	
梧　州	3 357		29		3 328	
来　宾	225		24		201	
广西其他	1 598		285		1 313	
重　庆	23 620		8 035		15 585	
四川合计	1 142	13	514	13	627	
泸　州	1 122	13	510	13	612	
宜　宾	19		4		15	
乐　山						
南　充	1				1	
四川其他						
贵州合计	253		253			
云南合计	84				84	
昭　通	84				84	
云南其他						

5-10 全国港口石油、天然气及制品吞吐量

单位：千吨

港　口	总计		出港		进港	
		外贸		外贸		外贸
全国总计	**1 316 156**	**734 252**	**363 894**	**54 598**	**952 261**	**679 654**
1. 沿海合计	**1 169 860**	**710 280**	**314 951**	**50 292**	**854 909**	**659 988**
辽宁合计	**168 816**	**81 691**	**80 278**	**12 170**	**88 538**	**69 521**
丹　东						
大　连	99 210	56 464	44 426	8 962	54 784	47 502
营　口	21 923	12 928	8 098	1 039	13 825	11 889
盘　锦	25 375	6 707	9 294	187	16 081	6 520
锦　州	12 534	5 591	8 835	1 983	3 700	3 609
葫芦岛	9 774		9 625		149	
河北合计	**30 131**	**18 524**	**2 545**	**57**	**27 586**	**18 467**
秦皇岛	2 812	52	1 193		1 620	52
黄　骅	7 724	545	116		7 608	545
唐　山	19 595	17 928	1 237	57	18 358	17 871
天　津	**73 767**	**39 482**	**30 385**	**3 610**	**43 382**	**35 872**
山东合计	**307 127**	**232 052**	**48 619**	**9 461**	**258 508**	**222 591**
滨　州	51	25			51	25
东　营	36 599	5 603	12 523		24 076	5 603
潍　坊	4 782	846	1 127	142	3 655	704
烟　台	53 300	40 893	5 429	284	47 871	40 610
威　海	894	199	190		704	199
青　岛	125 632	105 861	25 411	8 534	100 221	97 326
日　照	85 870	78 625	3 939	501	81 932	78 124
上　海	**24 037**	**8 250**	**6 636**	**1 380**	**17 402**	**6 870**
江苏合计	**8 275**	**5 428**	**1 572**	**790**	**6 703**	**4 638**
连云港	7 690	5 325	1 150	790	6 539	4 535
盐　城	586	103	422		164	103
浙江合计	**239 017**	**137 308**	**69 767**	**6 056**	**169 251**	**131 252**
嘉　兴	7 124	2 661	1 335	151	5 789	2 510
宁波舟山	225 448	134 113	67 888	5 904	157 560	128 209
其中：宁　波	92 926	60 089	16 191	1 874	76 735	58 214
舟　山	132 523	74 025	51 698	4 030	80 825	69 995
台　州	1 851		116		1 735	
温　州	4 594	534	427	1	4 167	533

5-10 （续表一）

单位：千吨

港口	总计	外贸	出港	外贸	进港	外贸
福建合计	**61 458**	**39 210**	**14 046**	**4 271**	**47 412**	**34 939**
福州	7 335	806	1 677		5 658	806
其中：福州市港口	6 998	806	1 677		5 321	806
宁德市港口	337				337	
莆田	3 979	3 941			3 979	3 941
泉州	37 249	28 019	9 476	3 387	27 774	24 632
厦门	12 894	6 444	2 893	884	10 001	5 560
其中：厦门市港口	6 163	1 737	1 448	884	4 715	853
漳州市港口	6 731	4 707	1 445		5 286	4 707
广东合计	**202 951**	**115 798**	**44 205**	**7 790**	**158 747**	**108 008**
潮州	1 363	855	426	35	937	820
汕头	1 273	439	19		1 254	439
揭阳	5 551	3 268	8		5 544	3 268
汕尾						
惠州	53 862	32 984	12 043	2 274	41 818	30 710
深圳	18 037	12 978	603	79	17 434	12 900
东莞	17 866	4 401	4 153	1 070	13 712	3 331
广州	26 767	5 917	11 183	668	15 584	5 248
中山	830	1	5		825	1
珠海	16 300	8 756	5 157	744	11 143	8 012
江门	1 762	90	804		959	90
阳江	471		1		471	
茂名	17 677	12 922	3 449	1 327	14 228	11 595
湛江	41 192	33 187	6 355	1 593	34 837	31 594
广西合计	**28 077**	**17 776**	**6 662**	**1 388**	**21 415**	**16 388**
广西北部湾港	28 077	17 776	6 662	1 388	21 415	16 388
其中：北海	7 858	3 157	3 753	3	4 104	3 155
钦州	17 583	12 889	2 634	1 266	14 948	11 623
防城	2 637	1 730	274	120	2 363	1 610
海南合计	**26 203**	**14 762**	**10 238**	**3 319**	**15 965**	**11 442**
海口	1 916	285	300		1 616	285
洋浦	19 575	14 275	8 200	3 152	11 376	11 123
八所	3 731	202	1 732	167	1 999	35
三亚	807		6		800	
清澜	174				174	
海南其他						
2. 内河合计	**146 296**	**23 971**	**48 943**	**4 306**	**97 353**	**19 666**
黑龙江合计						
黑河						

5-10 （续表二）

单位：千吨

港　口	总计	外贸	出港	外贸	进港	外贸
肇　源						
哈尔滨						
佳木斯						
黑龙江其他						
山东合计						
济　宁						
枣　庄						
山东其他						
上　海	**533**		**429**		**105**	
江苏合计	**94 809**	**23 903**	**36 955**	**4 301**	**57 854**	**19 602**
南　京	28 382	3 719	14 747	1 679	13 635	2 040
镇　江	4 929	1 325	1 989	13	2 940	1 312
苏　州	6 514	2 186	1 766		4 749	2 186
南　通	26 108	10 912	6 713	43	19 395	10 870
常　州						
江　阴	7 609	3 343	2 654	1 589	4 955	1 754
扬　州	4 101	27	2 373		1 728	27
泰　州	11 456	2 391	4 918	977	6 538	1 414
徐　州	103		1		101	
连云港						
无　锡	859		3		856	
宿　迁	151		14		137	
淮　安	1 404		574		830	
扬州内河	25		25			
镇江内河	23				23	
苏州内河	864		464		400	
常州内河	628		35		592	
江苏其他	1 655		680		975	
浙江合计	**5 307**		**640**		**4 666**	
杭　州	1 393		54		1 339	
嘉兴内河	794		282		513	
湖　州	3 110		304		2 805	
宁波内河						
绍　兴						
金　华	10				10	
青　田						
浙江其他						

5-10 （续表三）

单位：千吨

港口	总计	外贸	出港	外贸	进港	外贸
安徽合计	**5 222**	62	**2 568**		**2 654**	62
马鞍山	668		143		525	
芜　湖	1 484	62	300		1 184	62
铜　陵	34				34	
池　州	526				526	
安　庆	2 161		2 125		36	
阜　阳						
合　肥	326				326	
六　安						
滁　州	23				23	
淮　南						
蚌　埠						
亳　州						
安徽其他						
江西合计	**4 491**		**1 898**		**2 593**	
南　昌	868				868	
九　江	3 583		1 898		1 685	
樟　树						
江西其他	40				40	
河南合计						
湖北合计	**9 078**		**2 532**		**6 546**	
嘉　鱼						
武　汉	4 935		2 173		2 762	
黄　州	428		1		427	
鄂　州						
黄　石	359		10		349	
襄　阳						
荆　州	2 381		322		2 059	
宜　昌	702		25		677	
潜　江						
天　门						
汉　川						
湖北其他	273		1		272	
湖南合计	**7 330**	...	**1 437**	...	**5 893**	...
长　沙	465	...	2	...	462	...
湘　潭						
株　洲						

5-10 （续表四）

单位：千吨

港 口	总计	外贸	出港	外贸	进港	外贸
岳　阳	6 237		1 435		4 802	
沅　陵						
常　德	413				413	
湖南其他	216				216	
广东合计	**7 618**	...	**897**		**6 720**	...
番　禺	1 115		86		1 029	
新　塘	14				14	
五　和						
中　山						
佛　山	4 791	...	693		4 098	...
江　门	753		107		646	
东　莞	261		11		250	
肇　庆	370				370	
惠　州						
云　浮	314				314	
韶　关						
清　远						
河　源						
广西合计	**1 276**		**101**		**1 176**	
南　宁	177		5		172	
柳　州						
贵　港	116		31		84	
梧　州	576		30		546	
来　宾						
广西其他	409		34		374	
重　庆	**9 911**	**5**	**1 474**	**5**	**8 437**	
四川合计	**720**	**2**	**12**	...	**708**	**2**
泸　州	719	2	12	...	707	2
宜　宾	1				1	
乐　山						
南　充						
四川其他						
贵州合计						
云南合计						
昭　通						
云南其他						

5-11　全国港口原油吞吐量

单位：千吨

港口	总计	外贸	出港	外贸	进港	外贸
全国总计	684 278	502 774	95 151	6 247	589 127	496 527
1.沿海合计	667 268	502 670	94 328	6 247	572 940	496 422
辽宁合计	100 893	60 971	25 981	504	74 912	60 467
丹　东						
大　连	57 162	41 146	11 993	504	45 168	40 642
营　口	14 309	11 465	1 289		13 020	11 465
盘　锦	13 028	4 754			13 028	4 754
锦　州	7 258	3 606	3 561		3 697	3 606
葫芦岛	9 137		9 137			
河北合计	22 735	12 494	1 831		20 904	12 494
秦皇岛	1 950		654		1 297	
黄　骅	7 022				7 022	
唐　山	13 763	12 494	1 177		12 586	12 494
天　津	50 727	22 364	23 713	532	27 014	21 832
山东合计	230 377	187 546	19 197	4 735	211 180	182 811
滨　州	10				10	
东　营	21 585	3 920			21 585	3 920
潍　坊	1 879		99		1 780	
烟　台	36 958	30 771	1 768		35 190	30 771
威　海						
青　岛	106 053	92 945	15 352	4 561	90 700	88 384
日　照	63 893	59 909	1 978	174	61 914	59 736
上　海	2 221				2 221	
江苏合计	2 933	1 852			2 933	1 852
连云港	2 933	1 852			2 933	1 852
盐　城						
浙江合计	127 808	102 666	16 938	200	110 869	102 466
嘉　兴						
宁波舟山	127 355	102 666	16 936	200	110 419	102 466
其中：宁　波	62 753	48 827	7 156	32	55 597	48 794
舟　山	64 602	53 839	9 779	168	54 822	53 671
台　州						
温　州	453		3		450	

5-11　（续表一）

单位：千吨

港口	总计	外贸	出港	外贸	进港	外贸
福建合计	**27 780**	**27 722**			27 780	27 722
福　州						
其中：福州市港口						
宁德市港口						
莆　田						
泉　州	24 258	24 200			24 258	24 200
厦　门	3 522	3 522			3 522	3 522
其中：厦门市港口						
漳州市港口	3 522	3 522			3 522	3 522
广东合计	**78 692**	**69 431**	**3 104**	**277**	**75 589**	**69 154**
潮　州						
汕　头						
揭　阳						
汕　尾						
惠　州	31 934	26 979			31 934	26 979
深　圳						
东　莞						
广　州						
中　山	…		…			
珠　海						
江　门						
阳　江						
茂　名	11 443	11 443			11 443	11 443
湛　江	35 316	31 009	3 104	277	32 213	30 733
广西合计	**12 293**	**8 760**	**3 419**		**8 874**	**8 760**
广西北部湾港	12 293	8 760	3 419		8 874	8 760
其中：北　海	3 324		3 324			
钦　州	8 969	8 760	95		8 874	8 760
防　城						
海南合计	**10 808**	**8 865**	**145**		**10 663**	**8 865**
海　口	49		16		34	
洋　浦	8 994	8 865	130		8 865	8 865
八　所	1 759				1 759	
三　亚						
清　澜	6				6	
海南其他						
2. 内河合计	**17 010**	**104**	**823**		**16 187**	**104**
黑龙江合计						
黑　河						

5-11 （续表二）

单位：千吨

港 口	总计	外贸	出港	外贸	进港	外贸
肇　源						
哈尔滨						
佳木斯						
黑龙江其他						
山东合计						
济　宁						
枣　庄						
山东其他						
上　海						
江苏合计	11 617	104	821		10 796	104
南　京	4 477				4 477	
镇　江						
苏　州						
南　通						
常　州						
江　阴	1 103	104	62		1 041	104
扬　州						
泰　州	4 229				4 229	
徐　州						
连云港						
无　锡						
宿　迁						
淮　安	831		184		647	
扬州内河	25		25			
镇江内河						
苏州内河						
常州内河						
江苏其他	952		550		401	
浙江合计						
杭　州						
嘉兴内河						
湖　州						
宁波内河						
绍　兴						
金　华						
青　田						
浙江其他						

5-11 （续表三）

单位：千吨

港 口	总计	外贸	出港	外贸	进港	外贸
安徽合计	15				15	
马鞍山						
芜　湖						
铜　陵						
池　州						
安　庆	15				15	
阜　阳						
合　肥						
六　安						
滁　州						
淮　南						
蚌　埠						
亳　州						
安徽其他						
江西合计						
南　昌						
九　江						
樟　树						
江西其他						
河南合计						
湖北合计	1 337		2		1 335	
嘉　鱼						
武　汉						
黄　州						
鄂　州						
黄　石						
襄　阳						
荆　州	1 337		2		1 335	
宜　昌						
潜　江						
天　门						
汉　川						
湖北其他						
湖南合计	2 384				2 384	
长　沙						
湘　潭						
株　洲						

5-11 （续表四）

单位：千吨

港　口	总计	外贸	出港	外贸	进港	外贸
岳　阳	2 384				2 384	
沅　陵						
常　德						
湖南其他						
广东合计	**1 105**				**1 105**	
番　禺						
新　塘						
五　和						
中　山						
佛　山	1 105				1 105	
江　门						
东　莞						
肇　庆						
惠　州						
云　浮						
韶　关						
清　远						
河　源						
广西合计						
南　宁						
柳　州						
贵　港						
梧　州						
来　宾						
广西其他						
重　庆						
四川合计	**552**				**552**	
泸　州	552				552	
宜　宾						
乐　山						
南　充						
四川其他						
贵州合计						
云南合计						
昭　通						
云南其他						

5-12　全国港口金属矿石吞吐量

单位：千吨

港　口	总计	外贸	出港	外贸	进港	外贸
全国总计	2 399 312	1 419 662	525 018	27 034	1 874 294	1 392 629
1.沿海合计	1 607 182	1 247 651	277 119	27 020	1 330 063	1 220 631
辽宁合计	100 683	88 133	7 349	3 849	93 335	84 285
丹　东	11 300	9 303	1 088		10 212	9 303
大　连	31 151	29 602	5 115	3 849	26 035	25 754
营　口	40 742	39 439	357	…	40 385	39 439
盘　锦	3 063	872	174		2 889	872
锦　州	11 157	7 962	103		11 054	7 962
葫芦岛	3 270	956	511		2 759	956
河北合计	257 511	246 302	5 314	93	252 197	246 209
秦皇岛	1 046	971	65	12	982	959
黄　骅	49 905	45 439	257		49 648	45 439
唐　山	206 559	199 891	4 992	81	201 567	199 811
天　津	116 249	114 506	1 820	406	114 429	114 100
山东合计	455 002	353 353	65 164	17 327	389 838	336 026
滨　州	34 425		1 276		33 149	
东　营	1 015				1 015	
潍　坊	4 281	122	7		4 274	122
烟　台	33 558	28 838	13 027	9 609	20 531	19 229
威　海	478	19	156		322	19
青　岛	170 439	132 563	35 844	7 630	134 595	124 934
日　照	210 807	191 811	14 854	89	195 952	191 722
上　海	22 882	8 415	347	1	22 535	8 414
江苏合计	131 502	87 772	35 238	342	96 264	87 430
连云港	112 498	80 478	28 464	342	84 034	80 136
盐　城	19 004	7 294	6 774		12 229	7 294
浙江合计	274 855	144 386	130 103	69	144 752	144 317
嘉　兴	888	786			888	786
宁波舟山	273 842	143 600	130 103	69	143 739	143 531
其中：宁波	96 324	55 269	40 991	69	55 333	55 200
舟山	177 517	88 331	89 112		88 405	88 331
台　州						
温　州	126				126	

5-12 （续表一）

单位：千吨

港口	总计	外贸	出港	外贸	进港	外贸
福建合计	**58 342**	**51 339**	**7 670**	**3 542**	**50 672**	**47 797**
福　州	34 987	29 977	3 077	144	31 911	29 833
其中：福州市港口	26 336	22 188	3 074	144	23 262	22 044
宁德市港口	8 651	7 789	3		8 649	7 789
莆　田	12 730	12 120	4 005	3 395	8 725	8 725
泉　州	454	94	57	2	396	92
厦　门	10 171	9 148	531	…	9 640	9 148
其中：厦门市港口	8 184	7 639	531	…	7 653	7 639
漳州市港口	1 987	1 508			1 987	1 508
广东合计	**96 199**	**71 910**	**15 602**	**227**	**80 597**	**71 683**
潮　州	219	214	5		214	214
汕　头						
揭　阳	1 134				1 134	
汕　尾						
惠　州						
深　圳						
东　莞	861	7	299	3	562	4
广　州	5 810	3 235	184	2	5 626	3 233
中　山	…				…	
珠　海	14 163	9 849	2 441		11 722	9 849
江　门	11				11	
阳　江	11 250	8 361	170		11 080	8 361
茂　名	216	182	5	5	211	178
湛　江	62 535	50 061	12 500	218	50 036	49 843
广西合计	**90 444**	**81 154**	**5 110**	**837**	**85 334**	**80 316**
广西北部湾港	90 444	81 154	5 110	837	85 334	80 316
其中：北　海	6 757	5 686	283		6 474	5 686
钦　州	16 750	14 105	2 391	834	14 359	13 271
防　城	66 937	61 362	2 435	3	64 502	61 359
海南合计	**3 512**	**382**	**3 403**	**327**	**109**	**54**
海　口	124	…	75	…	48	
洋　浦	321	68	260	14	61	54
八　所	3 067	314	3 067	314		
三　亚						
清　澜						
海南其他						
2. 内河合计	**792 130**	**172 012**	**247 899**	**14**	**544 231**	**171 998**
黑龙江合计	**5**				**5**	
黑　河						

5-12 （续表二）

单位：千吨

港口	总计	外贸	出港	外贸	进港	外贸
肇 源						
哈尔滨	5				5	
佳木斯						
黑龙江其他						
山东合计	**398**		**211**		**187**	
济 宁	60		48		12	
枣 庄	337		163		174	
山东其他						
上 海	**186**		**166**		**21**	
江苏合计	**544 385**	**156 159**	**211 000**	**10**	**333 385**	**156 149**
南 京	51 063	4 072	10 711		40 351	4 072
镇 江	70 023	18 784	35 255	4	34 768	18 780
苏 州	146 216	57 570	46 097		100 120	57 570
南 通	27 949	6 838	13 769		14 180	6 838
常 州	26 632	7 671	12 885		13 747	7 671
江 阴	118 183	50 792	54 713		63 470	50 792
扬 州	17 319	5 532	8 586	6	8 733	5 526
泰 州	59 859	4 899	28 613		31 246	4 899
徐 州	839		22		817	
连云港						
无 锡	3 795				3 795	
宿 迁	34				34	
淮 安	4 595				4 595	
扬州内河	47				47	
镇江内河	1 645				1 645	
苏州内河	4 675		62		4 613	
常州内河	11 172		59		11 113	
江苏其他	338		229		109	
浙江合计	**133**				**133**	
杭 州						
嘉兴内河	31				31	
湖 州	100				100	
宁波内河						
绍 兴						
金 华						
青 田						
浙江其他	1				1	

5-12 （续表三）

单位：千吨

港口	总计	外贸	出港	外贸	进港	外贸
安徽合计	**73 439**	**9 539**	**11 316**	**1**	**62 123**	**9 538**
马鞍山	35 631	9 536	423		35 208	9 536
芜　湖	15 621		3 525		12 096	
铜　陵	10 250		2 566		7 683	
池　州	7 199		1 080		6 120	
安　庆	523		314		210	
阜　阳						
合　肥	1 719	3	1 470	1	249	3
六　安	2 079		1 938		141	
滁　州						
淮　南						
蚌　埠	163				163	
亳　州						
安徽其他	254				254	
江西合计	**15 221**		**1 402**		**13 819**	
南　昌	5 840		397		5 443	
九　江	8 926		865		8 060	
樟　树						
江西其他	456		139		316	
河南合计	**896**		**231**		**665**	
湖北合计	**76 644**	**6 281**	**7 301**	**1**	**69 343**	**6 280**
嘉　鱼	7 276				7 276	
武　汉	40 632		14		40 618	
黄　州						
鄂　州	5 671		1 650		4 021	
黄　石	9 376	6 281	68	1	9 308	6 280
襄　阳						
荆　州	2 602		6		2 597	
宜　昌	9 908	…	4 998	…	4 910	…
潜　江	3		3			
天　门						
汉　川						
湖北其他	1 175		562		614	
湖南合计	**53 818**	**11**	**14 430**	**1**	**39 388**	**10**
长　沙	2 331	11	21	1	2 310	10
湘　潭	11 559				11 559	
株　洲						

5-12 （续表四）

单位：千吨

港 口	总计	外贸	出港	外贸	进港	外贸
岳　阳	37 701		14 291		23 411	
沅　陵						
常　德						
湖南其他	2 227		119		2 108	
广东合计	**1 757**	**2**	**161**	**2**	**1 595**	**…**
番　禺						
新　塘						
五　和	58				58	
中　山						
佛　山	547	2	2	2	545	
江　门	14	…			14	…
东　莞	…		…		…	
肇　庆	232				232	
惠　州	18				18	
云　浮	145		145			
韶　关	227		15		212	
清　远	516				516	
河　源						
广西合计	**3 395**	**…**	**207**	**…**	**3 187**	
南　宁						
柳　州	…		…		…	
贵　港	3 229		198		3 031	
梧　州	15		…		15	
来　宾						
广西其他	151		8		142	
重　庆	**21 087**		**1 179**		**19 907**	
四川合计	**767**	**21**	**294**		**473**	**21**
泸　州	734	21	291		442	21
宜　宾	34		3		31	
乐　山						
南　充						
四川其他						
贵州合计						
云南合计						
昭　通						
云南其他						

5-13　全国港口钢铁吞吐量

单位：千吨

港　　口	总计	外贸	出港	外贸	进港	外贸
全国总计	**686 004**	**84 929**	**381 035**	**54 956**	**304 969**	**29 974**
1. 沿海合计	**379 448**	**69 189**	**236 588**	**49 775**	**142 860**	**19 414**
辽宁合计	49 784	6 385	47 326	5 469	2 458	916
丹　东	4 480	755	4 452	755	28	
大　连	9 554	891	8 038	432	1 517	459
营　口	30 153	4 567	29 379	4 132	774	435
盘　锦	294	22	272		22	22
锦　州	3 296	149	3 197	149	99	
葫芦岛	2 007		1 989		18	
河北合计	62 360	8 161	57 667	5 322	4 693	2 838
秦皇岛	5 455	148	5 237	70	217	78
黄　骅	1 781	397	643	8	1 138	389
唐　山	55 125	7 616	51 787	5 244	3 337	2 371
天　津	41 611	24 277	36 852	23 473	4 759	805
山东合计	21 787	4 526	14 915	3 339	6 872	1 187
滨　州						
东　营	1 628		813		815	
潍　坊	482	35	156	32	326	3
烟　台	3 549	729	658	328	2 890	401
威　海	771	529	317	254	454	275
青　岛	5 102	1 250	3 586	882	1 516	368
日　照	10 255	1 983	9 384	1 843	871	140
上　海	40 121	9 920	16 998	7 580	23 123	2 341
江苏合计	8 114	2 880	5 915	2 248	2 200	632
连云港	4 325	2 554	3 413	2 244	912	310
盐　城	3 789	327	2 502	4	1 287	323
浙江合计	31 506	530	2 693	156	28 812	374
嘉　兴	4 646		134		4 512	
宁波舟山	14 129	357	1 655	156	12 474	201
其中：宁波	13 292	252	1 484	156	11 808	97
舟山	837	105	171		666	105
台　州	7 413	114	604		6 809	114
温　州	5 317	58	300		5 017	58

5-13 （续表一）

单位：千吨

港　　口	总计	外贸	出港	外贸	进港	外贸
福建合计	**25 382**	**4 115**	**11 912**	**787**	**13 469**	**3 328**
福　州	15 533	2 102	9 747	204	5 786	1 898
其中：福州市港口	7 311	290	4 687	6	2 624	284
宁德市港口	8 222	1 812	5 061	198	3 161	1 614
莆　田	1 111		292		819	
泉　州	4 052	89	94		3 958	89
厦　门	4 686	1 924	1 779	583	2 907	1 341
其中：厦门市港口	3 154	1 544	1 487	583	1 668	962
漳州市港口	1 531	379	292		1 239	379
广东合计	**65 353**	**7 221**	**22 807**	**1 099**	**42 545**	**6 122**
潮　州	5				5	
汕　头	82				82	
揭　阳	5 782		121		5 661	
汕　尾						
惠　州	531		5		527	
深　圳	1 150	346	36		1 114	346
东　莞	10 051	1 858	2 321	41	7 731	1 817
广　州	30 581	4 003	8 326	442	22 255	3 560
中　山	989	77	548	28	441	49
珠　海	3 215	138	1 466	100	1 749	38
江　门	1 929	40	403	4	1 525	36
阳　江	2 423	183	1 839	40	584	142
茂　名	205		19		186	
湛　江	8 408	578	7 723	444	684	134
广西合计	**27 253**	**1 169**	**18 528**	**301**	**8 726**	**868**
广西北部湾港	27 253	1 169	18 528	301	8 726	868
其中：北　海	3 001	684	2 197		804	684
钦　州	8 879	237	3 759	142	5 120	95
防　城	15 374	248	12 572	159	2 802	89
海南合计	**6 177**	**4**	**974**	**…**	**5 203**	**4**
海　口	5 209	3	659		4 551	3
洋　浦	558	1	266	…	292	1
八　所	3		1		2	
三　亚	358				358	
清　澜						
海南其他	48		48			
2. 内河合计	**306 555**	**15 741**	**144 447**	**5 181**	**162 108**	**10 560**
黑龙江合计	**20**	**20**	**20**	**20**		
黑　河	10	10	10	10		

5-13 （续表二）

单位：千吨

港口	总计		出港		进港	
		外贸		外贸		外贸
肇　源						
哈尔滨						
佳木斯	10	10	10	10		
黑龙江其他						
山东合计	**1 077**		**469**		**607**	
济　宁	1 066		459		607	
枣　庄	11		11			
山东其他						
上　海	**2 774**		**375**		**2 398**	
江苏合计	**152 203**	**14 856**	**79 262**	**4 500**	**72 941**	**10 356**
南　京	14 946	115	10 462	66	4 484	49
镇　江	1 901	642	886	20	1 015	621
苏　州	42 125	9 434	24 919	4 152	17 206	5 281
南　通	3 963	112	1 023	50	2 939	62
常　州	1 712	238	835	9	877	229
江　阴	22 844	3 403	8 492	202	14 353	3 200
扬　州	3 243	698	794		2 450	698
泰　州	5 928	216	2 720		3 207	216
徐　州	1 438		709		729	
连云港						
无　锡	13 766		6 371		7 395	
宿　迁	529		221		308	
淮　安	3 305		2 653		652	
扬州内河	70		20		51	
镇江内河	3 237		2 386		851	
苏州内河	10 781		6 472		4 309	
常州内河	12 132		4 803		7 330	
江苏其他	10 283		5 497		4 787	
浙江合计	**41 106**		**4 756**		**36 350**	
杭　州	13 391		488		12 903	
嘉兴内河	9 930		3 763		6 167	
湖　州	17 231		474		16 757	
宁波内河						
绍　兴	270		27		243	
金　华						
青　田	61				61	
浙江其他	224		4		220	

5-13 （续表三）

单位：千吨

港　口	总计		出港		进港	
		外贸		外贸		外贸
安徽合计	**27 028**	**1**	**18 689**		**8 339**	**1**
马鞍山	11 045		7 294		3 751	
芜　湖	4 242		3 210		1 033	
铜　陵	3 542		3 014		528	
池　州	4 542		3 420		1 122	
安　庆	123	1	80		43	1
阜　阳	58		1		58	
合　肥	1 692	…	610		1 082	…
六　安	458		435		23	
滁　州	93		21		71	
淮　南						
蚌　埠	57		54		3	
亳　州	1		1			
安徽其他	1 175		550		625	
江西合计	**9 575**		**6 458**		**3 117**	
南　昌	2 833		237		2 597	
九　江	6 696		6 213		483	
樟　树	16				16	
江西其他	31		9		22	
河南合计	**1 856**		**1 610**		**246**	
湖北合计	**22 870**	**519**	**17 244**	**519**	**5 626**	**…**
嘉　鱼	2 329		2 329			
武　汉	11 713		9 287		2 425	
黄　州						
鄂　州	2 574		1 901		673	
黄　石	3 793	519	2 910	519	883	
襄　阳						
荆　州	527		117		410	
宜　昌	1 532	…	643	…	888	…
潜　江						
天　门						
汉　川	26				26	
湖北其他	376		56		320	
湖南合计	**10 386**	**12**	**5 000**	**9**	**5 387**	**3**
长　沙	3 605	12	444	9	3 161	3
湘　潭	3 356		3 277		78	
株　洲	5				5	

5-13 （续表四）

单位：千吨

港　口	总计	外贸	出港	外贸	进港	外贸
岳　阳	2 809		964		1 846	
沅　陵						
常　德	170				170	
湖南其他	441		314		127	
广东合计	**24 926**	**301**	**2 577**	**107**	**22 350**	**194**
番　禺	342				342	
新　塘	3		3			
五　和	507	…	251		256	…
中　山	163		42		121	
佛　山	22 325	164	1 540	90	20 786	74
江　门	229	136	39	17	190	119
东　莞	504		190		314	
肇　庆	662		322		340	
惠　州						
云　浮	5	…	5		…	…
韶　关	185		183		2	
清　远						
河　源						
广西合计	**2 573**	**29**	**2 163**	**24**	**409**	**5**
南　宁	132		98		34	
柳　州	1		1			
贵　港	2 047	19	1 806	19	241	
梧　州	394	11	259	5	135	5
来　宾						
广西其他						
重　庆	**9 985**		**5 719**		**4 266**	
四川合计	**175**	**2**	**105**	**1**	**71**	…
泸　州	60	2	32	1	28	…
宜　宾	81	…	72	…	9	
乐　山						
南　充						
四川其他	34				34	
贵州合计						
云南合计						
昭　通						
云南其他						

5-14 全国港口矿建材料吞吐量

单位：千吨

港口	总计	外贸	出港	外贸	进港	外贸
全国总计	**2 725 457**	**35 349**	**1 354 769**	**20 257**	**1 370 688**	**15 092**
1. 沿海合计	**948 260**	**30 123**	**560 703**	**18 653**	**387 557**	**11 470**
辽宁合计	**63 491**	**638**	**63 061**	**637**	**429**	**1**
丹　东	8 168		8 166		2	
大　连	9 958	59	9 842	57	116	1
营　口	20 565	579	20 537	579	28	
盘　锦	3 730		3 730		…	
锦　州	5 156		5 132		24	
葫芦岛	15 914		15 654		259	
河北合计	**63 723**	**86**	**59 082**	**86**	**4 640**	
秦皇岛	3 657	…	3 631	…	25	
黄　骅	2 543				2 543	
唐　山	57 523	85	55 451	85	2 072	
天　津	**19 310**	**2 089**	**10 851**	**1 322**	**8 459**	**767**
山东合计	**75 943**	**4 906**	**50 782**	**1 606**	**25 161**	**3 300**
滨　州	3 280	50	252	50	3 028	
东　营	9 594		4 201		5 393	
潍　坊	2 563	110	162	106	2 401	4
烟　台	26 365	1 335	22 656	891	3 710	444
威　海	14 566	411	13 488	95	1 079	316
青　岛	12 502	257	5 665	20	6 837	237
日　照	7 072	2 743	4 359	443	2 714	2 300
上　海	**62 709**	**40**	**14 457**	**18**	**48 251**	**22**
江苏合计	**52 268**	**34**	**13 931**	**34**	**38 337**	
连云港	18 514	34	5 375	34	13 139	
盐　城	33 754		8 556		25 198	
浙江合计	**269 084**	**476**	**125 375**	**19**	**143 710**	**457**
嘉　兴	31 902		10 978		20 924	
宁波舟山	214 017	224	113 566	19	100 451	205
其中：宁　波	22 084	120	5 244	19	16 840	101
舟　山	191 933	104	108 322		83 611	104
台　州	10 222	149	375		9 846	149
温　州	12 943	103	455		12 489	103

5-14 （续表一）

单位：千吨

港 口	总计	外贸	出港	外贸	进港	外贸
福建合计	**148 652**	**12 301**	**123 539**	**6 716**	**25 113**	**5 585**
福　州	101 312	3 441	83 623	3 436	17 688	5
其中：福州市港口	76 003	3 023	58 644	3 018	17 360	5
宁德市港口	25 308	418	24 980	418	329	
莆　田	528	252	148		380	252
泉　州	32 864	4 261	29 498	2 273	3 366	1 988
厦　门	13 948	4 347	10 270	1 007	3 678	3 340
其中：厦门市港口	7 043	4 150	3 601	810	3 443	3 340
漳州市港口	6 905	196	6 669	196	236	
广东合计	**164 403**	**8 872**	**79 774**	**7 892**	**84 629**	**979**
潮　州	142		89		53	
汕　头	176				176	
揭　阳	109				109	
汕　尾						
惠　州	6 547	4 969	4 975	4 969	1 572	
深　圳	2 612				2 612	
东　莞	24 974	695	10 929	58	14 046	638
广　州	69 354	375	29 166	139	40 188	236
中　山	330	5	103	3	227	2
珠　海	9 180	13	1 796	13	7 384	
江　门	45 810	2 711	28 689	2 710	17 121	…
阳　江	1 307		1 130		177	
茂　名	1 458	104	1 161		297	104
湛　江	2 405		1 737		667	
广西合计	**20 227**	**363**	**17 626**	**323**	**2 601**	**40**
广西北部湾港	20 227	363	17 626	323	2 601	40
其中：北　海	611		469		142	
钦　州	15 817	351	13 470	311	2 347	40
防　城	3 799	12	3 687	12	112	
海南合计	**8 451**	**319**	**2 225**	**1**	**6 226**	**318**
海　口	4 114	275	578	1	3 535	273
洋　浦	1 702	4	177		1 526	4
八　所	218		28		190	
三　亚	478		5		473	
清　澜	1 920	40	1 437		483	40
海南其他	19				19	
2. 内河合计	**1 777 198**	**5 226**	**794 066**	**1 604**	**983 132**	**3 622**
黑龙江合计	**2 725**	**126**	**6**	**5**	**2 719**	**122**
黑　河	122	122			122	122

5-14 （续表二）

单位：千吨

港口	总计	外贸	出港	外贸	进港	外贸
肇　源						
哈尔滨	2 599		2		2 597	
佳木斯	5	5	5	5		
黑龙江其他						
山东合计	**17 096**		**14 074**		**3 022**	
济　宁	5 352		3 404		1 949	
枣　庄	10 969		10 424		545	
山东其他	775		246		528	
上　海	**51 404**		**5 630**		**45 774**	
江苏合计	**742 972**	**2 537**	**184 293**	**174**	**558 679**	**2 362**
南　京	41 244	253	1 602	148	39 642	105
镇　江	34 922	661	10 586	2	24 336	659
苏　州	59 361	28	26 345	20	33 016	8
南　通	98 421	1 589	36 688		61 734	1 589
常　州	10 417		3 180		7 237	
江　阴	57 815	2	29 758	…	28 057	2
扬　州	24 748		2 851		21 897	
泰　州	123 978	4	54 971	4	69 006	…
徐　州	12 602		3 936		8 666	
连云港						
无　锡	30 027		1 162		28 866	
宿　迁	8 616		60		8 555	
淮　安	30 326		786		29 541	
扬州内河	1 895		48		1 847	
镇江内河	2 104		413		1 691	
苏州内河	114 706		4 534		110 172	
常州内河	28 958		3 885		25 073	
江苏其他	62 831		3 489		59 342	
浙江合计	**229 131**		**77 568**		**151 563**	
杭　州	62 689		26 771		35 918	
嘉兴内河	80 234		3 321		76 913	
湖　州	67 929		41 823		26 106	
宁波内河	2 323				2 323	
绍　兴	9 859		241		9 618	
金　华	974		763		211	
青　田	2 732		2 515		217	
浙江其他	2 391		2 134		257	

5-14 （续表三）

单位：千吨

港口	总计	外贸	出港	外贸	进港	外贸
安徽合计	**203 616**	**42**	**125 217**	**22**	**78 399**	**20**
马鞍山	31 240		11 780		19 460	
芜　湖	33 256		24 523		8 733	
铜　陵	8 917		6 015		2 902	
池　州	68 840		67 923		916	
安　庆	7 805	…	6 285		1 520	…
阜　阳	810		88		722	
合　肥	26 465	33	4 921	14	21 544	19
六　安	305		99		206	
滁　州	8 919		612		8 307	
淮　南	464		1		462	
蚌　埠	10 770	8	421	8	10 348	1
亳　州	78				78	
安徽其他	5 749		2 549		3 200	
江西合计	**78 397**		**56 470**		**21 927**	
南　昌	9 828		5 866		3 962	
九　江	48 864		46 101		2 763	
樟　树	1				1	
江西其他	19 705		4 504		15 201	
河南合计	**2 779**		**965**		**1 814**	
湖北合计	**200 803**	**67**	**163 806**	**55**	**36 997**	**12**
嘉　鱼						
武　汉	10 079		626		9 453	
黄　州	6 132		5 053		1 079	
鄂　州	7 300		4 318		2 982	
黄　石	25 059	19	24 798	16	261	3
襄　阳						
荆　州	19 403		8 837		10 566	
宜　昌	45 302	48	37 771	39	7 530	9
潜　江	1 033				1 033	
天　门						
汉　川	19				19	
湖北其他	86 476		82 403		4 074	
湖南合计	**9 074**	**16**	**4 128**	**9**	**4 946**	**8**
长　沙	3 191	16	501	9	2 689	8
湘　潭	40				40	
株　洲						

5-14 （续表四）

单位：千吨

港口	总计	外贸	出港	外贸	进港	外贸
岳 阳	4 148		2 112		2 036	
沅 陵						
常 德						
湖南其他	1 696		1 515		181	
广东合计	81 031	2 354	42 866	1 259	38 165	1 095
番 禺	940				940	
新 塘	3 983		172		3 811	
五 和	2 667				2 667	
中 山						
佛 山	13 989	146	3 627	90	10 362	57
江 门	11 622	429	6 184	429	5 437	1
东 莞	340		90		250	
肇 庆	16 516	646	6 605	457	9 911	190
惠 州	1 955		56		1 899	
云 浮	22 118	1 132	19 282	285	2 836	847
韶 关	338		338			
清 远	6 564		6 512		52	
河 源						
广西合计	88 915	72	78 335	72	10 580	…
南 宁	2 478		216		2 262	
柳 州	377		138		239	
贵 港	45 592	12	38 034	12	7 558	
梧 州	36 466	60	36 053	60	413	…
来 宾	1 319		1 313		5	
广西其他	2 684		2 581		103	
重 庆	60 022		38 020		22 002	
四川合计	8 713	12	2 414	9	6 299	3
泸 州	915	12	156	9	759	3
宜 宾	2 138	…	1 689	…	449	…
乐 山						
南 充						
四川其他	5 661		570		5 091	
贵州合计						
云南合计	520		274		247	
昭 通	520		274		247	
云南其他						

5-15　全国港口水泥吞吐量

单位：千吨

港口	总计	外贸	出港	外贸	进港	外贸
全国总计	481 231	26 538	316 242	1 850	164 989	24 688
1.沿海合计	121 495	16 939	43 200	1 279	78 295	15 660
辽宁合计	12 389	1	12 386	1	3	
丹东	1 110		1 110			
大连	5 063	1	5 063	1		
营口	348		348			
盘锦	3 974		3 974			
锦州	896		893		3	
葫芦岛	999		999			
河北合计	6 795		6 795			
秦皇岛	2 833		2 833			
黄骅	44		44			
唐山	3 919		3 919			
天津	186	6	110	6	76	
山东合计	10 914	3 644	3 806	130	7 108	3 514
滨州	132	29	3		129	29
东营	137				137	
潍坊	729	182			729	182
烟台	5 230	2 511	147	109	5 083	2 402
威海	122	5	26		96	5
青岛	715	677			715	677
日照	3 848	240	3 629	21	219	219
上海	2 815		2		2 812	
江苏合计	2 343	1 226	434		1 909	1 226
连云港	1 098	1 098			1 098	1 098
盐城	1 246	129	434		811	129
浙江合计	45 794	4 219	7 664	24	38 130	4 196
嘉兴	1 057		232		825	
宁波舟山	25 245	3 864	7 029	…	18 216	3 863
其中：宁波	16 489	…	3 249	…	13 240	
舟山	8 756	3 863	3 780		4 976	3 863
台州	5 319	356	403	23	4 916	333
温州	14 173				14 173	

5-15 （续表一）

单位：千吨

港　口	总计	外贸	出港	外贸	进港	外贸
福建合计	**13 135**	**1 750**	**1 469**	**2**	**11 666**	**1 749**
福　州	8 685	1 487	106		8 579	1 487
其中：福州市港口	5 408	878	106		5 302	878
宁德市港口	3 278	609			3 278	609
莆　田	562		4		559	
泉　州	1 094	29	11		1 084	29
厦　门	2 793	234	1 348	2	1 445	233
其中：厦门市港口	843	234	2	2	841	233
漳州市港口	1 950		1 347		604	
广东合计	**21 615**	**4 602**	**8 469**	**1 104**	**13 145**	**3 497**
潮　州	372				372	
汕　头	1 309				1 309	
揭　阳	1 973				1 973	
汕　尾	387				387	
惠　州	2 161	595			2 161	595
深　圳	1	1	1	1		
东　莞	6 662	2 666	3 832	775	2 830	1 891
广　州	1 385	63	690		696	63
中　山	98	3	11	3	87	
珠　海	2 510	545	123		2 387	545
江　门	3 404	325	2 898	325	506	
阳　江	877		842		34	
茂　名	23		23		…	
湛　江	452	403	50		403	403
广西合计	**1 669**	**232**	**1 341**	**14**	**328**	**218**
广西北部湾港	1 669	232	1 341	14	328	218
其中：北　海	549	192	311		238	192
钦　州	1 037	40	962	14	74	26
防　城	84	…	68		16	…
海南合计	**3 840**	**1 259**	**722**		**3 118**	**1 259**
海　口	1 818	843	395		1 422	843
洋　浦	489	197	81		408	197
八　所	253		243		10	
三　亚	345	219	4		341	219
清　澜	246				246	
海南其他	690				690	
2. 内河合计	**359 736**	**9 600**	**273 043**	**571**	**86 693**	**9 028**
黑龙江合计						
黑　河						

5-15 （续表二）

单位：千吨

港口	总计	外贸	出港	外贸	进港	外贸
肇　源						
哈尔滨						
佳木斯						
黑龙江其他						
山东合计	**127**		**119**		**8**	
济　宁	2				2	
枣　庄	110		110			
山东其他	16		9		6	
上　海	**4 903**		**67**		**4 836**	
江苏合计	**104 419**	**9 213**	**57 304**	**185**	**47 115**	**9 028**
南　京	730		712		18	
镇　江	5 795		5 732		63	
苏　州	1 614	112	876	40	737	72
南　通	25 388	8 232	10 536		14 852	8 232
常　州						
江　阴	1 407		675		732	
扬　州	8 231	869	3 966	145	4 265	725
泰　州	7 640		2 621		5 019	
徐　州	745		506		239	
连云港						
无　锡	6 292		4 402		1 890	
宿　迁	87				87	
淮　安	2 259		1 419		840	
扬州内河	129		60		68	
镇江内河	572				572	
苏州内河	13 291		2 712		10 579	
常州内河	14 896		14 659		237	
江苏其他	15 345		8 427		6 918	
浙江合计	**35 008**		**20 913**		**14 095**	
杭　州	4 945		957		3 989	
嘉兴内河	7 603		1 567		6 036	
湖　州	20 685		18 385		2 300	
宁波内河	331				331	
绍　兴	1 443		3		1 439	
金　华						
青　田						
浙江其他						

5-15 （续表三）

单位：千吨

港口	总计	外贸	出港	外贸	进港	外贸
安徽合计	103 314		97 450		5 864	
马鞍山	9 223		8 928		295	
芜湖	37 459		36 660		799	
铜陵	30 971		30 960		12	
池州	18 350		18 350			
安庆	1 511		932		579	
阜阳	1 072				1 072	
合肥	1 254		851		404	
六安	5				5	
滁州	91				91	
淮南	2 217		175		2 042	
蚌埠	299		299			
亳州						
安徽其他	862		296		566	
江西合计	16 672		12 161		4 511	
南昌	4 474		4		4 470	
九江	11 222		11 182		41	
樟树						
江西其他	975		975			
河南合计	454		17		437	
湖北合计	14 593		12 180		2 414	
嘉鱼	613		613			
武汉	1 867		883		984	
黄州	13				13	
鄂州						
黄石	2 367		2 367			
襄阳						
荆州	1 851		1 647		204	
宜昌	4 550		3 735		816	
潜江						
天门						
汉川						
湖北其他	3 332		2 935		398	
湖南合计	1 280	…	1 241	…	39	
长沙	211	…	211	…		
湘潭						
株洲						

5-15　（续表四）

单位：千吨

港　　口	总计	外贸	出港	外贸	进港	外贸
岳　阳	37				37	
沅　陵						
常　德						
湖南其他	1 032		1 030		2	
广东合计	**29 115**	**141**	**24 478**	**141**	**4 636**	
番　禺	488		4		484	
新　塘	401				401	
五　和	1 751	119	1 543	119	208	
中　山						
佛　山	2 303	15	2 160	15	143	
江　门	2 157		713		1 443	
东　莞	218		3		215	
肇　庆	10 413		10 027		385	
惠　州	1 228				1 228	
云　浮	6 307	7	6 178	7	129	
韶　关						
清　远	3 849		3 849			
河　源						
广西合计	**30 932**	**246**	**29 741**	**246**	**1 191**	
南　宁	2 202		2 021		181	
柳　州						
贵　港	23 979	246	23 023	246	956	
梧　州	72	…	58	…	14	
来　宾	288		283		5	
广西其他	4 390		4 356		35	
重　庆	**18 079**		**17 075**		**1 004**	
四川合计	**710**		**296**		**414**	
泸　州	677		280		397	
宜　宾						
乐　山						
南　充						
四川其他	33		17		17	
贵州合计						
云南合计	**131**				**131**	
昭　通	131				131	
云南其他						

5-16　全国港口木材吞吐量

单位：千吨

港口	总计	外贸	出港	外贸	进港	外贸
全国总计	124 644	92 831	26 428	7 312	98 216	85 519
1.沿海合计	81 234	68 543	14 870	7 155	66 364	61 387
辽宁合计	98	81	12		86	81
丹　东	3				3	
大　连	63	48	12		51	48
营　口	32	32			32	32
盘　锦						
锦　州						
葫芦岛						
河北合计	1 682	1 565	193	89	1 489	1 476
秦皇岛						
黄　骅						
唐　山	1 682	1 565	193	89	1 489	1 476
天　津	1 548	291	1 039	67	509	224
山东合计	42 494	42 285	1 747	1 652	40 747	40 633
滨　州						
东　营						
潍　坊	3 533	3 496	1	1	3 533	3 495
烟　台	5 706	5 596	132	38	5 573	5 559
威　海						
青　岛	2 098	2 098	340	340	1 758	1 758
日　照	31 158	31 096	1 274	1 274	29 884	29 822
上　海	31	22	11	11	20	10
江苏合计	7 656	7 558	4 532	4 442	3 124	3 116
连云港	4 831	4 826	4 448	4 442	383	383
盐　城	2 825	2 733	84		2 741	2 733
浙江合计	547	249	149		398	249
嘉　兴						
宁波舟山	182	41	1		181	41
其中：宁波	181	41	1		180	41
舟山	2				2	
台　州	356	208	148		208	208
温　州	8				8	

5-16 （续表一）

单位：千吨

港口	总计	外贸	出港	外贸	进港	外贸
福建合计	2 912	2 798	3	…	2 909	2 798
福　州	23				23	
其中：福州市港口	22				22	
宁德市港口	1				1	
莆　田	1 042	1 039			1 042	1 039
泉　州	106	78			106	78
厦　门	1 741	1 682	3	…	1 738	1 682
其中：厦门市港口	…		…	…	…	
漳州市港口	1 741	1 682	3		1 738	1 682
广东合计	9 217	4 445	1 976	114	7 241	4 331
潮　州						
汕　头						
揭　阳	23				23	
汕　尾						
惠　州						
深　圳						
东　莞	3 057	1 795	539	34	2 519	1 761
广　州	4 056	1 009	1 267	4	2 790	1 005
中　山	393	79	40	4	353	75
珠　海	3		3			
江　门	82	2	43	…	39	2
阳　江	16				16	
茂　名	6		6			
湛　江	1 581	1 560	78	71	1 502	1 489
广西合计	7 736	2 933	4 554	752	3 182	2 181
广西北部湾港	7 736	2 933	4 554	752	3 182	2 181
其中：北　海	674	605	32		642	605
钦　州	7 026	2 328	4 496	752	2 530	1 576
防　城	36	…	26		11	…
海南合计	7 312	6 315	655	28	6 657	6 287
海　口	593		341		252	
洋　浦	6 709	6 315	309	28	6 400	6 287
八　所	3		3			
三　亚						
清　澜	8		3		5	
海南其他						
2. 内河合计	43 410	24 288	11 557	156	31 852	24 132
黑龙江合计	311	311			311	311
黑　河	17	17			17	17

5-16 （续表二）

单位：千吨

港口	总计	外贸	出港	外贸	进港	外贸
肇　源						
哈尔滨						
佳木斯	294	294			294	294
黑龙江其他						
山东合计	**89**		**1**		**88**	
济　宁	89		1		88	
枣　庄						
山东其他						
上　海	1				1	
江苏合计	**33 134**	**22 988**	**8 695**	**41**	**24 439**	**22 946**
南　京	1 614	816	797		816	816
镇　江	4 813	3 826	979		3 834	3 826
苏　州	13 355	11 000	2 221	41	11 134	10 959
南　通	1 698	1 620	67		1 631	1 620
常　州	56		56		56	56
江　阴	50		10		40	
扬　州	2 800	2 112	685		2 115	2 112
泰　州	7 027	3 557	3 416		3 612	3 557
徐　州	641		225		415	
连云港						
无　锡						
宿　迁	391				391	
淮　安	279		86		193	
扬州内河						
镇江内河	5				5	
苏州内河	360		202		158	
常州内河	18				18	
江苏其他	26		5		21	
浙江合计	**287**				**287**	
杭　州						
嘉兴内河	23				23	
湖　州	238				238	
宁波内河						
绍　兴						
金　华						
青　田	26				26	
浙江其他						

5-16 （续表三）

单位：千吨

港　口	总计	外贸	出港	外贸	进港	外贸
安徽合计	**152**	**4**	**14**	**2**	**138**	**1**
马鞍山						
芜　湖	9				9	
铜　陵	10		10			
池　州						
安　庆	110	2	2	2	108	
阜　阳						
合　肥	8	1	1	…	7	1
六　安	15				15	
滁　州						
淮　南						
蚌　埠						
亳　州						
安徽其他						
江西合计	**2 386**		**9**		**2 377**	
南　昌	293				293	
九　江	1 945		9		1 936	
樟　树						
江西其他	148				148	
河南合计						
湖北合计	**524**	…	**98**	…	**426**	…
嘉　鱼	1				1	
武　汉	415				415	
黄　州						
鄂　州						
黄　石	9				9	
襄　阳						
荆　州	96		96			
宜　昌	3	…	3	…	…	…
潜　江						
天　门						
汉　川						
湖北其他						
湖南合计	**683**	**9**	**114**	**9**	**570**	
长　沙	114	9	114	9		
湘　潭						
株　洲						

5-16 （续表四）

单位：千吨

港口	总计	外贸	出港	外贸	进港	外贸
岳 阳	570				570	
沅 陵						
常 德						
湖南其他						
广东合计	2 768	937	863	67	1 905	870
番 禺						
新 塘						
五 和	11	2			11	2
中 山						
佛 山	1 752	793	289	53	1 463	740
江 门	555	138	258	11	297	127
东 莞	162	…	33		128	…
肇 庆	289	3	283	3	6	
惠 州						
云 浮						
韶 关						
清 远						
河 源						
广西合计	1 857	33	1 642	32	215	1
南 宁	8		1		7	
柳 州	1	1	1	1		
贵 港	740	26	558	26	182	…
梧 州	1 089	7	1 065	5	24	1
来 宾	2				2	
广西其他	17		17			
重 庆	1 127		49		1 078	
四川合计	92	7	73	4	19	3
泸 州	25	7	12	4	13	3
宜 宾						
乐 山						
南 充						
四川其他	67		61		6	
贵州合计						
云南合计						
昭 通						
云南其他						

5-17　全国港口非金属矿石吞吐量

单位：千吨

港　口	总计	外贸	出港	外贸	进港	外贸
全国总计	535 653	107 708	245 215	15 286	290 438	92 422
1.沿海合计	261 463	100 929	103 839	12 875	157 624	88 054
辽宁合计	12 779	5 900	12 417	5 755	363	145
丹　东	503	403	488	388	15	15
大　连	962	287	772	266	190	21
营　口	7 203	4 850	7 150	4 813	53	37
盘　锦	93	59	93	59		
锦　州	875	301	803	229	72	72
葫芦岛	3 144		3 111		33	
河北合计	19 443	16 070	1 045	6	18 397	16 064
秦皇岛	48	1	48	1		
黄　骅	13 446	12 505	410	5	13 036	12 499
唐　山	5 948	3 565	587		5 362	3 565
天　津	4 943	4 558	2 419	2 322	2 524	2 237
山东合计	141 202	63 017	60 944	796	80 258	62 221
滨　州	671		612		59	
东　营	46				46	
潍　坊	6 160		44		6 116	
烟　台	124 728	56 686	59 077	707	65 651	55 978
威　海	2 311	1 175	1 044		1 267	1 175
青　岛	112	47	86	21	26	26
日　照	7 175	5 110	82	68	7 093	5 042
上　海	4 365	3	56	3	4 309	
江苏合计	7 371	3 515	985	567	6 386	2 948
连云港	7 026	3 515	725	567	6 301	2 948
盐　城	345		260		85	
浙江合计	14 014	595	1 093	344	12 921	251
嘉　兴	386				386	
宁波舟山	6 260	595	352	344	5 909	251
其中：宁　波	5 614	581	338	338	5 275	243
舟　山	647	13	13	6	633	8
台　州	6 531		741		5 790	
温　州	836				836	

5-17　（续表一）

单位：千吨

港　口	总计	外贸	出港	外贸	进港	外贸
福建合计	**10 901**	**764**	**2 968**	**250**	**7 933**	**515**
福　州	6 138	183	367	63	5 771	120
其中：福州市港口	4 171	93	258	49	3 913	44
宁德市港口	1 967	90	109	14	1 859	76
莆　田	375	88	40		335	88
泉　州	734	329	72	57	662	272
厦　门	3 654	164	2 490	130	1 164	34
其中：厦门市港口	185	164	130	130	54	34
漳州市港口	3 470		2 360		1 110	
广东合计	**18 113**	**1 494**	**5 927**	**925**	**12 186**	**569**
潮　州	74		68		5	
汕　头						
揭　阳	252				252	
汕　尾						
惠　州						
深　圳	901				901	
东　莞	9 301	472	4 694	330	4 608	143
广　州	1 497	216	353	186	1 144	30
中　山	142	46	7	3	135	43
珠　海	689	38	38	38	651	
江　门	3 620	166	508	165	3 112	1
阳　江	346	20	14		331	20
茂　名	72	60	72	60	…	
湛　江	1 219	476	174	144	1 046	332
广西合计	**20 873**	**4 748**	**12 634**	**1 895**	**8 239**	**2 853**
广西北部湾港	20 873	4 748	12 634	1 895	8 239	2 853
其中：北　海	5 383	140	3 466	136	1 917	4
钦　州	10 537	543	6 800	219	3 737	324
防　城	4 953	4 065	2 368	1 540	2 585	2 525
海南合计	**7 458**	**264**	**3 351**	**12**	**4 107**	**253**
海　口	4 445	73	2 342	1	2 103	71
洋　浦	823	66	273	11	551	55
八　所	868	126			868	126
三　亚	53				53	
清　澜						
海南其他	1 268		736		532	
2. 内河合计	**274 190**	**6 779**	**141 376**	**2 412**	**132 814**	**4 368**
黑龙江合计	**234**				**234**	
黑　河						

5-17 （续表二）

单位：千吨

港　口	总计	外贸	出港	外贸	进港	外贸
肇　源						
哈尔滨	234				234	
佳木斯						
黑龙江其他						
山东合计	**1 349**		**126**		**1 223**	
济　宁	1 255		126		1 129	
枣　庄	94				94	
山东其他						
上　海	**6 682**		**17**		**6 665**	
江苏合计	**59 920**	**6 453**	**19 935**	**2 168**	**39 986**	**4 286**
南　京	6 219	148	2 489		3 730	148
镇　江	8 881	3 726	4 854	1 799	4 027	1 927
苏　州	3 420	880	1 176	28	2 245	852
南　通	3 957	1 014	1 586	316	2 371	698
常　州	274		120		154	
江　阴	251		62		189	
扬　州	966	397	499		467	397
泰　州	4 728	288	2 153	25	2 575	262
徐　州	1 330		85		1 245	
连云港						
无　锡	2 219		35		2 185	
宿　迁	1 185		62		1 122	
淮　安	6 142		14		6 128	
扬州内河	363				363	
镇江内河						
苏州内河	4 130		457		3 673	
常州内河	13 751		6 330		7 421	
江苏其他	2 105		13		2 092	
浙江合计	**13 947**		**2 894**		**11 053**	
杭　州	2 968		1 710		1 257	
嘉兴内河	7 238		888		6 350	
湖　州	2 665		229		2 436	
宁波内河						
绍　兴	962				962	
金　华	47				47	
青　田	67		67			
浙江其他						

5-17 （续表三）

单位：千吨

港 口	总计	外贸	出港	外贸	进港	外贸
安徽合计	**46 500**	**215**	**29 135**	**213**	**17 365**	**2**
马鞍山	7 359		1 752		5 608	
芜　湖	5 834		339		5 495	
铜　陵	9 501		5 594		3 906	
池　州	18 727	213	18 350	213	377	
安　庆	53	2			53	2
阜　阳						
合　肥	1 204		156		1 048	
六　安	249		119		131	
滁　州	1 249		948		301	
淮　南						
蚌　埠	39				39	
亳　州						
安徽其他	2 286		1 877		408	
江西合计	**15 553**		**10 436**		**5 117**	
南　昌	1 033		62		971	
九　江	12 041		10 351		1 690	
樟　树	2		1		1	
江西其他	2 477		22		2 455	
河南合计	**480**		**66**		**414**	
湖北合计	**51 663**	**18**	**23 304**	**6**	**28 358**	**12**
嘉　鱼	3		3			
武　汉	10 881		6		10 875	
黄　州	305		305			
鄂　州						
黄　石	1 621	12	1 351		269	12
襄　阳						
荆　州	3 159		709		2 450	
宜　昌	20 252	6	11 453	6	8 799	
潜　江						
天　门						
汉　川						
湖北其他	15 443		9 478		5 965	
湖南合计	**6 412**	**11**	**3 806**	**…**	**2 606**	**11**
长　沙	1 787	11	344	…	1 442	11
湘　潭	13				13	
株　洲	27				27	

5-17 （续表四）

单位：千吨

港口	总计	外贸	出港	外贸	进港	外贸
岳　阳	2 046		1 800		246	
沅　陵						
常　德						
湖南其他	2 540		1 661		879	
广东合计	17 189	20	11 298	20	5 891	…
番　禺						
新　塘	896				896	
五　和	77				77	
中　山						
佛　山	285		2		283	
江　门	987	…	349		639	…
东　莞	789		162		627	
肇　庆	6 830		4 564		2 266	
惠　州	427		43		384	
云　浮	2 885	20	2 178	20	707	
韶　关	96		95		2	
清　远	3 917		3 907		10	
河　源						
广西合计	35 808	5	32 312	5	3 497	
南　宁	1 969	4	1 928	4	41	
柳　州						
贵　港	10 024	1	8 397	1	1 627	
梧　州	9 746	…	8 007	…	1 738	
来　宾	13 710		13 658		52	
广西其他	360		321		39	
重　庆	13 693		6 323		7 370	
四川合计	2 358	57	1 726	…	633	57
泸　州	387	4	151	…	236	4
宜　宾	1 056		1 008		48	
乐　山						
南　充						
四川其他	915	53	567		348	53
贵州合计						
云南合计	2 400				2 400	
昭　通	2 400				2 400	
云南其他						

5-18 全国港口化学肥料及农药吞吐量

单位：千吨

港口	总计	外贸	出港	外贸	进港	外贸
全国总计	**70 018**	**33 014**	**46 923**	**27 926**	**23 096**	**5 088**
1. 沿海合计	**34 836**	**23 681**	**25 302**	**18 877**	**9 533**	**4 804**
辽宁合计	**2 453**	**2 059**	**1 497**	**1 404**	**956**	**655**
丹东	87	62	87	62		
大连	104	21	25	21	80	
营口	1 440	1 201	571	546	869	655
盘锦	418	388	418	388		
锦州	404	387	397	387	7	
葫芦岛						
河北合计	**1 564**	**894**	**1 494**	**859**	**70**	**35**
秦皇岛	349	349	314	314	35	35
黄骅	974	339	974	339		
唐山	240	206	206	206	35	
天津	**6 062**	**4 761**	**5 567**	**4 368**	**495**	**392**
山东合计	**4 697**	**4 353**	**3 351**	**3 239**	**1 346**	**1 114**
滨州						
东营	73	59	73	59		
潍坊	3	3	3	3		
烟台	3 976	3 650	3 072	2 979	903	671
威海						
青岛	639	636	196	193	443	443
日照	5	5	5	5		
上海	**53**	**27**	**27**	**27**	**26**	
江苏合计	**1 357**	**1 327**	**356**	**342**	**1 001**	**985**
连云港	1 357	1 327	356	342	1 001	985
盐城						
浙江合计	**114**	**102**	**102**	**102**	**12**	
嘉兴						
宁波舟山	102	102	102	102		
其中：宁波						
舟山	102	102	102	102		
台州	12				12	
温州						

5-18 （续表一）

单位：千吨

港口	总计	外贸	出港	外贸	进港	外贸
福建合计	2 686	1 778	2 289	1 778	397	
福州	1 474	969	1 460	969	15	
其中：福州市港口	1 470	969	1 460	969	10	
宁德市港口	5				5	
莆田	1 048	724	745	724	303	
泉州	17	4	4	4	12	
厦门	147	81	81	81	66	
其中：厦门市港口	121	81	81	81	40	
漳州市港口	26				26	
广东合计	2 858	1 912	1 593	1 024	1 265	887
潮州						
汕头						
揭阳	1				1	
汕尾						
惠州						
深圳						
东莞	1 032	688	250		782	688
广州	242	42	158	20	84	22
中山	5	3	4	3	2	
珠海						
江门	9		…		9	
阳江						
茂名	8				8	
湛江	1 561	1 178	1 181	1 001	380	177
广西合计	11 371	6 275	7 910	5 546	3 462	728
广西北部湾港	11 371	6 275	7 910	5 546	3 462	728
其中：北海	2 368	1 129	992	925	1 376	204
钦州	3 198	541	1 559	446	1 639	95
防城	5 806	4 604	5 359	4 175	447	429
海南合计	1 621	194	1 115	185	505	8
海口	606		219		387	
洋浦	187	17	75	8	112	8
八所	822	177	821	177	1	
三亚	5				5	
清澜						
海南其他						
2. 内河合计	35 183	9 333	21 621	9 049	13 562	284
黑龙江合计	4		1		4	
黑河						

5-18 （续表二）

单位：千吨

港　口	总计	外贸	出港	外贸	进港	外贸
肇　源						
哈尔滨	4		1		4	
佳木斯						
黑龙江其他						
山东合计	**125**		**89**		**37**	
济　宁	122		89		34	
枣　庄						
山东其他	3				3	
上　海	**32**				**32**	
江苏合计	**22 215**	**9 300**	**11 561**	**9 023**	**10 655**	**277**
南　京	6 426	3 630	3 681	3 550	2 746	80
镇　江	5 340	2 693	2 752	2 682	2 588	11
苏　州	3 630	1 985	1 983	1 908	1 647	77
南　通	1 697	619	782	508	915	111
常　州	31				31	
江　阴	543	1	304	1	239	
扬　州	9		3		6	
泰　州	913	335	471	335	441	
徐　州	382		3		379	
连云港						
无　锡	1 102	39	835	39	267	
宿　迁						
淮　安	734		36		699	
扬州内河						
镇江内河	21				21	
苏州内河	885		634		251	
常州内河	267		44		223	
江苏其他	234		33		202	
浙江合计	**96**				**96**	
杭　州	77				77	
嘉兴内河	8				8	
湖　州	9				9	
宁波内河						
绍　兴						
金　华						
青　田						
浙江其他	1				1	

5-18 （续表三）

单位：千吨

港　口	总计	外贸	出港	外贸	进港	外贸
安徽合计	815		295		520	
马鞍山	3		2		1	
芜　湖	6				6	
铜　陵	145		119		25	
池　州	17		1		16	
安　庆	4		1		3	
阜　阳	78		70		7	
合　肥	45				45	
六　安						
滁　州	206		3		203	
淮　南						
蚌　埠	200				200	
亳　州						
安徽其他	112		98		14	
江西合计	688		220		468	
南　昌	22				22	
九　江	666		220		446	
樟　树						
江西其他						
河南合计	1 276		1 276			
湖北合计	7 430	22	6 547	22	883	
嘉　鱼						
武　汉	27		3		25	
黄　州						
鄂　州						
黄　石	3				3	
襄　阳						
荆　州	1 223		785		438	
宜　昌	4 681	22	4 265	22	416	
潜　江						
天　门						
汉　川						
湖北其他	1 496		1 494		2	
湖南合计	156	5	99	…	57	4
长　沙	8	5	1	…	7	4
湘　潭						
株　洲	3				3	

5-18　（续表四）

单位：千吨

港　口	总计	外贸	出港	外贸	进港	外贸
岳　阳	133		99		35	
沅　陵						
常　德						
湖南其他	12				12	
广东合计	**135**	**4**	**11**	**3**	**124**	⋯
番　禺						
新　塘	24				24	
五　和						
中　山						
佛　山	6		4		2	
江　门	25	4	3	3	22	⋯
东　莞	39		4		35	
肇　庆	41				41	
惠　州						
云　浮						
韶　关						
清　远						
河　源						
广西合计	**155**	**2**	**24**	⋯	**131**	**2**
南　宁	24				24	
柳　州						
贵　港	78	2	22	⋯	56	2
梧　州	36	⋯	2	⋯	34	
来　宾						
广西其他	17				17	
重　庆	**1 673**		**1 178**		**495**	
四川合计	**379**	**1**	**321**	⋯	**58**	**1**
泸　州	133	1	125	⋯	7	1
宜　宾	103		53		51	
乐　山						
南　充						
四川其他	143		143			
贵州合计						
云南合计	**3**				**3**	
昭　通	3				3	
云南其他						

5-19　全国港口盐吞吐量

单位：千吨

港口	总计	外贸	出港	外贸	进港	外贸
全国总计	27 703	5 376	13 720	820	13 984	4 556
1.沿海合计	11 668	5 117	3 926	605	7 742	4 511
辽宁合计	1 092	299	22		1 070	299
丹东						
大连	170				170	
营口	59				59	
盘锦	164				164	
锦州	393	299			393	299
葫芦岛	306		22		284	
河北合计	761	413	23		738	413
秦皇岛						
黄骅						
唐山	761	413	23		738	413
天津	572	184	280	9	293	175
山东合计	4 598	1 970	2 916	545	1 681	1 424
滨州	311		311			
东营	109		109			
潍坊	1 909	304	1 747	304	162	
烟台	1 579	996	750	241	829	754
威海	20				20	
青岛	670	670			670	670
日照						
上海	1 080	868	1	1	1 079	867
江苏合计	631	104	562	49	68	55
连云港	618	104	549	49	68	55
盐城	13		13			
浙江合计	1 959	940	1	1	1 958	939
嘉兴	494				494	
宁波舟山	1 465	940	1	1	1 464	939
其中：宁波	1 357	843			1 357	843
舟山	108	96	1	1	107	96
台州						
温州						

5-19　（续表一）

单位：千吨

港　口	总计	外贸	出港	外贸	进港	外贸
福建合计	**382**	**283**			**382**	**283**
福　州	282	183			282	183
其中：福州市港口	282	183			282	183
宁德市港口						
莆　田						
泉　州	100	100			100	100
厦　门						
其中：厦门市港口						
漳州市港口						
广东合计	**285**	**…**	**43**		**242**	**…**
潮　州						
汕　头						
揭　阳						
汕　尾						
惠　州						
深　圳						
东　莞	103		42		61	
广　州	83	…	…		83	…
中　山	42	…	…		42	…
珠　海						
江　门	45				45	
阳　江	11				11	
茂　名						
湛　江	1		1			
广西合计	**272**	**32**	**73**	**…**	**200**	**32**
广西北部湾港	272	32	73	…	200	32
其中：北　海	22				22	
钦　州	237	32	71	…	166	32
防　城	13		1		12	
海南合计	**36**	**25**	**5**		**32**	**25**
海　口	7		3		4	
洋　浦	29	25	2		27	25
八　所						
三　亚						
清　澜						
海南其他						
2. 内河合计	**16 036**	**259**	**9 794**	**215**	**6 242**	**44**
黑龙江合计						
黑　河						

5-19 （续表二）

单位：千吨

港　口	总计	外贸	出港	外贸	进港	外贸
肇　源						
哈尔滨						
佳木斯						
黑龙江其他						
山东合计	**19**		**8**		**11**	
济　宁	19		8		11	
枣　庄						
山东其他						
上　海	**100**				**100**	
江苏合计	**12 076**	**259**	**8 612**	**215**	**3 464**	**44**
南　京	230	3	3	3	228	
镇　江	1 861	81	1 669	81	192	
苏　州	275	4	4	4	271	
南　通	457		93		364	
常　州	100		50		50	
江　阴						
扬　州	78	41	41	41	37	
泰　州	1 156	130	86	86	1 071	44
徐　州	70		5		65	
连云港						
无　锡						
宿　迁						
淮　安	4 936		4 658		278	
扬州内河						
镇江内河						
苏州内河	648				648	
常州内河	2 022		2 003		19	
江苏其他	241				241	
浙江合计	**219**				**219**	
杭　州	27				27	
嘉兴内河	181				181	
湖　州	11				11	
宁波内河						
绍　兴						
金　华						
青　田						
浙江其他						

5-19 （续表三）

单位：千吨

港口	总计	外贸	出港	外贸	进港	外贸
安徽合计	**643**		**82**		**561**	
马鞍山						
芜　湖	261				261	
铜　陵						
池　州						
安　庆						
阜　阳						
合　肥	125		72		54	
六　安						
滁　州	12		10		1	
淮　南	245				245	
蚌　埠						
亳　州						
安徽其他						
江西合计	**755**		**22**		**733**	
南　昌	…		…			
九　江	485				485	
樟　树	22		22			
江西其他	248				248	
河南合计	**65**		**13**		**52**	
湖北合计	**737**		**20**		**716**	
嘉　鱼						
武　汉	76		16		60	
黄　州						
鄂　州						
黄　石						
襄　阳						
荆　州						
宜　昌	660		4		656	
潜　江						
天　门						
汉　川						
湖北其他						
湖南合计	**364**	…	**232**	…	**132**	…
长　沙	9	…	5	…	4	…
湘　潭						
株　洲						

5-19 （续表四）

单位：千吨

港口	总计	外贸	出港	外贸	进港	外贸
岳　阳	109		18		91	
沅　陵						
常　德						
湖南其他	246		209		37	
广东合计	**107**		…		**107**	
番　禺						
新　塘						
五　和						
中　山						
佛　山	72				72	
江　门	14				14	
东　莞	7		…		7	
肇　庆	14				14	
惠　州						
云　浮						
韶　关						
清　远						
河　源						
广西合计	**49**		…		**49**	
南　宁						
柳　州						
贵　港	18		…		18	
梧　州	9		…		9	
来　宾						
广西其他	22				22	
重　庆	**899**		**803**		**96**	
四川合计	**3**	…	**2**	…	…	…
泸　州	…	…	…	…	…	…
宜　宾	3	…	2	…	…	
乐　山						
南　充						
四川其他						
贵州合计						
云南合计						
昭　通						
云南其他						

5-20 全国港口粮食吞吐量

单位：千吨

港口	总计	外贸	出港	外贸	进港	外贸
全国总计	388 526	169 704	111 632	3 103	276 894	166 601
1.沿海合计	243 789	139 406	67 092	2 645	176 697	136 761
辽宁合计	31 835	15 563	17 331	1 813	14 504	13 750
丹东	1 754	1 067	641		1 113	1 067
大连	13 061	7 514	7 333	1 812	5 729	5 702
营口	6 891	2 787	4 090	0	2 801	2 787
盘锦	3 611	2 879	600		3 011	2 879
锦州	5 237	1 315	3 612		1 625	1 315
葫芦岛	1 281		1 056		225	
河北合计	5 098	4 553	156	29	4 942	4 524
秦皇岛	2 021	1 934	26	26	1 995	1 908
黄骅	1 958	1 827	125	3	1 833	1 824
唐山	1 120	792	5		1 115	792
天津	13 976	10 752	2 553	74	11 423	10 678
山东合计	33 126	29 699	984	361	32 142	29 338
滨州	84				84	
东营	3				3	
潍坊	715	168	174	168	541	
烟台	7 415	5 259	182	12	7 233	5 247
威海						
青岛	10 530	10 382	249	180	10 281	10 201
日照	14 379	13 890	379		14 000	13 890
上海	4 623	2 174	2 109	5	2 514	2 169
江苏合计	10 864	7 990	2 551		8 313	7 990
连云港	5 793	5 424	235		5 559	5 424
盐城	5 070	2 566	2 317		2 754	2 566
浙江合计	17 989	10 823	7 246	301	10 744	10 522
嘉兴	17		17		17	17
宁波舟山	17 861	10 806	7 199	301	10 662	10 505
其中：宁波	2 453	1 670	643		1 811	1 670
舟山	15 408	9 136	6 556	301	8 851	8 835
台州	22		14		7	
温州	89		32		57	

5-20 （续表一）

单位：千吨

港口	总计	外贸	出港	外贸	进港	外贸
福建合计	9 090	6 606	326		8 764	6 606
福 州	3 147	2 893	108		3 039	2 893
其中：福州市港口	3 129	2 893	92		3 037	2 893
宁德市港口	18		16		2	
莆 田	337	192	5		332	192
泉 州	1 028	516			1 028	516
厦 门	4 578	3 005	212		4 366	3 005
其中：厦门市港口	1 217	905	104		1 113	905
漳州市港口	3 361	2 100	108		3 253	2 100
广东合计	90 548	38 958	30 623	53	59 925	38 905
潮 州						
汕 头						
揭 阳	1 098		5		1 093	
汕 尾						
惠 州	53		12		41	
深 圳	12 197	4 790	5 577	5	6 619	4 785
东 莞	25 126	7 352	9 298	2	15 828	7 351
广 州	42 340	21 831	15 538	43	26 802	21 787
中 山	374	3	34	3	339	0
珠 海	34		4		30	
江 门	1 268		63		1 205	
阳 江	1 717	1 203	20		1 697	1 203
茂 名	1 833	36	36		1 797	36
湛 江	4 506	3 743	34		4 472	3 743
广西合计	21 781	12 145	2 335	8	19 447	12 137
广西北部湾港	21 781	12 145	2 335	8	19 447	12 137
其中：北 海	2 320	1 671	68		2 252	1 671
钦 州	12 786	5 409	1 388	8	11 398	5 401
防 城	6 675	5 066	878		5 797	5 066
海南合计	4 858	143	878	2	3 980	141
海 口	4 051		728		3 323	
洋 浦	701	143	151	2	550	141
八 所						
三 亚	6				6	
清 澜	101				101	
海南其他						
2. 内河合计	144 737	30 298	44 540	458	100 197	29 840
黑龙江合计	78	73	4	1	74	72
黑 河	72	72			72	72

5-20 （续表二）

单位：千吨

港　口	总计		出港		进港	
		外贸		外贸		外贸
肇　源						
哈尔滨	5		3		2	
佳木斯	1	1	1	1		
黑龙江其他						
山东合计	**16**		**16**			
济　宁	10		10			
枣　庄	5		5			
山东其他	1		1			
上　海	**1 279**		**661**		**618**	
江苏合计	**88 725**	**28 976**	**32 794**	**372**	**55 932**	**28 604**
南　京	2 617	1 706	765	191	1 852	1 516
镇　江	9 705	5 818	2 995		6 710	5 818
苏　州	11 682	6 573	3 580	137	8 102	6 436
南　通	20 019	8 293	6 548		13 471	8 293
常　州						
江　阴	3 106	2 168	430	4	2 675	2 163
扬　州	71		40		31	
泰　州	31 097	4 408	13 737	40	17 360	4 368
徐　州	1 070		977		93	
连云港						
无　锡	418		85		333	
宿　迁	720		451		269	
淮　安	2 365		1 361		1 004	
扬州内河	65		10		54	
镇江内河	304				304	
苏州内河	667		286		381	
常州内河	297		17		280	
江苏其他	4 522	9	1 511		3 011	9
浙江合计	**2 249**		**342**		**1 908**	
杭　州	486		51		435	
嘉兴内河	1 362		213		1 149	
湖　州	242		75		167	
宁波内河						
绍　兴	22				22	
金　华						
青　田						
浙江其他	137		2		135	

5-20 （续表三）

单位：千吨

港口	总计	外贸	出港	外贸	进港	外贸
安徽合计	**6 914**	**99**	**3 880**	**8**	**3 035**	**91**
马鞍山	484		418		65	
芜 湖	526		117		408	
铜 陵	1				1	
池 州	104				104	
安 庆	271	87	86		185	87
阜 阳	485		439		45	
合 肥	1 994	4	916	1	1 078	3
六 安	79		59		19	
滁 州	579		362		217	
淮 南	179		169		11	
蚌 埠	1 958	8	1 221	8	737	1
亳 州	68		63		5	
安徽其他	189		29		159	
江西合计	**2 437**		**25**		**2 411**	
南 昌	1 593		3		1 590	
九 江	749		15		734	
樟 树	12		7		5	
江西其他	83		1		83	
河南合计	**6 510**		**4 529**		**1 981**	
湖北合计	**6 676**	**18**	**950**	**5**	**5 726**	**13**
嘉 鱼						
武 汉	2 013		66		1 948	
黄 州	1 104		552		552	
鄂 州	291				291	
黄 石	370	14	6	5	365	10
襄 阳						
荆 州	1 981		154		1 827	
宜 昌	691	3	159		531	3
潜 江						
天 门						
汉 川						
湖北其他	225		13		212	
湖南合计	**3 904**		**104**		**3 800**	**0**
长 沙	1 272		8		1 264	0
湘 潭	12				12	
株 洲	17				17	

5-20 （续表四）

单位：千吨

港口	总计	外贸	出港	外贸	进港	外贸
岳　阳	2 029		17		2 012	
沅　陵						
常　德						
湖南其他	573		79		494	
广东合计	**8 998**	**475**	**689**	**69**	**8 309**	**406**
番　禺	2 111		106		2 005	
新　塘						
五　和	541				541	
中　山						
佛　山	2 509	374	303	43	2 206	331
江　门	1 316	2	162	2	1 154	
东　莞	235		5		230	
肇　庆	1 889	99	96	25	1 793	74
惠　州	61		5		56	
云　浮	131		12		120	
韶　关	27				27	
清　远	178				178	
河　源						
广西合计	**8 050**	**90**	**199**	**2**	**7 851**	**88**
南　宁	1 714		45		1 669	
柳　州	1	1			1	1
贵　港	5 115	55	131		4 984	55
梧　州	1 002	35	13	2	989	33
来　宾	1				1	
广西其他	218		11		207	
重　庆	**7 978**		**318**		**7 661**	
四川合计	**922**	**567**	**30**		**892**	**567**
泸　州	891	566	29		862	566
宜　宾	32	1	1		31	1
乐　山						
南　充						
四川其他						
贵州合计						
云南合计						
昭　通						
云南其他						

5-21　全国港口机械、设备、电器吞吐量

单位：千吨

港口	总计	外贸	出港	外贸	进港	外贸
全国总计	174 544	77 427	111 873	62 786	62 671	14 641
1.沿海合计	154 199	65 487	94 116	51 570	60 083	13 917
辽宁合计	2 368	1 654	2 113	1 642	255	11
丹　东	4		4		…	
大　连	1 872	1 543	1 814	1 534	58	9
营　口	478	110	294	109	184	1
盘　锦	11				11	
锦　州	1		1		…	
葫芦岛	2	1	…		2	1
河北合计	258	232	234	227	24	5
秦皇岛	58	36	43	36	15	…
黄　骅	3				3	
唐　山	197	196	191	191	6	5
天　津	24 076	18 222	17 106	13 625	6 970	4 597
山东合计	17 049	5 832	9 555	5 780	7 494	52
滨　州	15	…	…	…	14	
东　营	4 828	1	2 458		2 370	1
潍　坊	45	36	44	36	1	
烟　台	3 875	2 827	3 723	2 812	152	15
威　海	11	3	10	2	1	1
青　岛	8 003	2 778	3 102	2 742	4 901	35
日　照	271	187	217	187	55	
上　海	4 450	3 876	3 802	3 706	648	170
江苏合计	23 286	14 434	21 374	14 428	1 912	7
连云港	2 514	2 092	2 507	2 085	7	7
盐　城	20 773	12 343	18 867	12 343	1 906	
浙江合计	281	31	110	16	171	15
嘉　兴	6	3	3	3	3	
宁波舟山	268	28	105	13	163	15
其中：宁　波	120	8	72	1	48	7
舟　山	148	20	33	12	115	8
台　州	7		3		4	
温　州						

5-21 （续表一）

单位：千吨

港　口	总计	外贸	出港	外贸	进港	外贸
福建合计	**986**	**56**	**763**	**31**	**223**	**25**
福　州	705	1	544	…	161	1
其中：福州市港口	704	1	544	…	160	1
宁德市港口	1				1	
莆　田	82		69		12	
泉　州	9		2		7	
厦　门	191	55	147	31	43	25
其中：厦门市港口	50	50	25	25	25	25
漳州市港口	140	5	122	5	18	
广东合计	**69 120**	**19 708**	**32 961**	**10 849**	**36 159**	**8 859**
潮　州						
汕　头	20 109	1 368	8 083	1 207	12 025	161
揭　阳						
汕　尾						
惠　州	117		55		62	
深　圳	17	15	2	2	15	13
东　莞	1 284	206	506	127	779	79
广　州	39 336	16 534	18 997	8 061	20 339	8 472
中　山	2 258	1 441	1 998	1 357	261	84
珠　海	173	135	122	89	51	46
江　门	127	4	85	2	42	2
阳　江	329	3	243	3	86	
茂　名	796	1	544	1	252	
湛　江	4 575	…	2 327	…	2 248	
广西合计	**2 565**	**1 419**	**1 615**	**1 256**	**950**	**163**
广西北部湾港	2 565	1 419	1 615	1 256	950	163
其中：北　海	70	35	25	9	44	26
钦　州	2 398	1 335	1 517	1 201	882	134
防　城	97	48	73	46	24	3
海南合计	**9 759**	**23**	**4 484**	**10**	**5 275**	**13**
海　口	9 721	11	4 472	4	5 250	7
洋　浦	32	12	11	6	21	6
八　所	3		…		3	
三　亚	2		1		1	
清　澜						
海南其他						
2. 内河合计	**20 345**	**11 940**	**17 757**	**11 216**	**2 588**	**724**
黑龙江合计	**147**	**128**	**138**	**126**	**10**	**1**
黑　河	104	104	103	103	1	1

5-21 （续表二）

单位：千吨

港　口	总计	外贸	出港	外贸	进港	外贸
肇　源						
哈尔滨	20		12		8	
佳木斯	24	24	23	23	…	…
黑龙江其他						
山东合计						
济　宁						
枣　庄						
山东其他						
上　海	**71**		**26**		**45**	
江苏合计	**13 710**	**7 776**	**12 477**	**7 567**	**1 233**	**209**
南　京	1 416	238	1 408	237	8	1
镇　江	35	1	22	1	12	
苏　州	6 946	5 517	6 112	5 401	834	116
南　通	3 170	270	2 924	257	245	13
常　州	87	70	87	70		
江　阴	184	66	178	66	6	
扬　州	1 518	1 446	1 471	1 425	47	21
泰　州	33		32		1	
徐　州	9		5		4	
连云港						
无　锡						
宿　迁						
淮　安	96		81		15	
扬州内河						
镇江内河						
苏州内河	176	170	117	111	59	59
常州内河						
江苏其他	41		39		1	
浙江合计	**49**		**46**		**3**	
杭　州	42		42		1	
嘉兴内河	3				3	
湖　州	4		4			
宁波内河						
绍　兴						
金　华						
青　田						
浙江其他						

5-21 （续表三）

单位：千吨

港口	总计		出港		进港	
		外贸		外贸		外贸
安徽合计	**562**	**107**	**537**	**94**	**25**	**13**
马鞍山	…		…		…	
芜　湖	22	19	19	19	3	
铜　陵						
池　州						
安　庆	32	5	30	3	2	2
阜　阳						
合　肥	508	83	488	72	20	11
六　安						
滁　州						
淮　南						
蚌　埠						
亳　州						
安徽其他						
江西合计	**84**		**14**		**69**	
南　昌						
九　江	76		14		62	
樟　树						
江西其他	7				7	
河南合计	**156**		**156**			
湖北合计	**169**	**27**	**98**	**18**	**71**	**9**
嘉　鱼	2				2	
武　汉	126		71		55	
黄　州						
鄂　州						
黄　石	14	12	7	7	6	5
襄　阳						
荆　州	…		…		…	
宜　昌	27	15	20	11	7	4
潜　江						
天　门						
汉　川						
湖北其他						
湖南合计	**322**	**168**	**157**	**133**	**165**	**35**
长　沙	182	168	141	133	40	35
湘　潭						
株　洲	112				112	

5-21 （续表四）

单位：千吨

港口	总计	外贸	出港	外贸	进港	外贸
岳　阳	29		16		13	
沅　陵						
常　德						
湖南其他						
广东合计	4 829	3 635	4 035	3 259	794	376
番　禺	289		289		…	
新　塘	3				3	
五　和	156	77	54		102	77
中　山	46	45	46	45		
佛　山	3 756	3 243	3 137	2 985	619	257
江　门	482	232	449	203	33	29
东　莞	13	…	12		1	…
肇　庆	85	39	49	26	36	13
惠　州						
云　浮						
韶　关						
清　远						
河　源						
广西合计	19	9	9	4	10	5
南　宁	…		…			
柳　州	1	1	1	1		
贵　港	5	…	…	…	4	…
梧　州	13	7	7	2	6	5
来　宾						
广西其他						
重　庆	44		7		37	
四川合计	182	91	57	15	125	76
泸　州	138	90	22	15	116	75
宜　宾	32	1	23	1	8	1
乐　山	13		12		…	
南　充						
四川其他						
贵州合计						
云南合计						
昭　通						
云南其他						

5-22 全国港口化工原料及制品吞吐量

单位：千吨

港 口	总计	外贸	出港	外贸	进港	外贸
全国总计	**337 673**	**100 791**	**145 832**	**25 972**	**191 841**	**74 819**
1. 沿海合计	**204 012**	**68 095**	**94 212**	**17 387**	**109 800**	**50 709**
辽宁合计	**32 284**	**5 948**	**23 479**	**956**	**8 805**	**4 992**
丹 东	17		…		17	
大 连	31 218	5 821	22 683	908	8 534	4 913
营 口	506	56	422	11	84	45
盘 锦						
锦 州	511	70	373	37	137	33
葫芦岛	32				32	
河北合计	**1 181**	**153**	**1 073**	**70**	**108**	**83**
秦皇岛	76	54	27	27	50	27
黄 骅	714		714			
唐 山	391	99	333	43	58	55
天 津	**25 103**	**10 757**	**17 091**	**8 049**	**8 011**	**2 707**
山东合计	**10 707**	**4 090**	**6 638**	**1 998**	**4 069**	**2 092**
滨 州						
东 营	743		743			
潍 坊	484	200	267	21	217	180
烟 台	4 281	1 318	2 334	864	1 947	453
威 海	10	9	5	5	6	5
青 岛	4 705	2 277	3 065	1 031	1 641	1 247
日 照	484	285	225	78	259	207
上 海	**11 398**	**2 590**	**4 224**	**632**	**7 174**	**1 958**
江苏合计	**9 235**	**5 887**	**2 475**	**768**	**6 760**	**5 118**
连云港	7 257	4 970	1 542	760	5 715	4 210
盐 城	1 978	917	933	8	1 045	909
浙江合计	**36 719**	**16 749**	**6 528**	**364**	**30 191**	**16 385**
嘉 兴	12 083	4 578	286	8	11 798	4 569
宁波舟山	24 143	12 164	6 231	356	17 912	11 808
其中：宁 波	18 871	11 177	3 061	356	15 810	10 821
舟 山	5 272	987	3 170		2 102	987
台 州	115				115	
温 州	378	8	11		367	8

5-22 （续表一）

单位：千吨

港　　口	总计		出港		进港	
		外贸		外贸		外贸
福建合计	**14 116**	**2 564**	**6 941**	**464**	**7 175**	**2 100**
福　州	3 056	744	226	17	2 830	727
其中：福州市港口	3 035	744	205	17	2 830	727
宁德市港口	22		22			
莆　田	346	336	346	336	…	
泉　州	5 315	784	3 352	34	1 963	750
厦　门	5 398	700	3 016	76	2 382	624
其中：厦门市港口	562	354	76	64	485	290
漳州市港口	4 837	346	2 940	12	1 897	334
广东合计	**37 154**	**12 426**	**11 298**	**1 266**	**25 856**	**11 160**
潮　州	74				74	
汕　头						
揭　阳	103				103	
汕　尾						
惠　州	5 397	665	3 714	4	1 682	660
深　圳	216	…			216	…
东　莞	11 593	2 596	2 060	125	9 533	2 471
广　州	8 973	4 939	1 554	795	7 419	4 145
中　山	1 406	361	279	137	1 127	224
珠　海	4 333	2 323	1 032	170	3 301	2 153
江　门	485	39	188	12	296	27
阳　江	969		561		408	
茂　名	779	16	779	16		
湛　江	2 827	1 486	1 130	6	1 697	1 480
广西合计	**14 937**	**5 449**	**8 073**	**2 642**	**6 865**	**2 807**
广西北部湾港	14 937	5 449	8 073	2 642	6 865	2 807
其中：北　海	1 527	434	834	174	692	260
钦　州	8 856	1 766	5 486	1 530	3 370	235
防　城	4 555	3 249	1 752	938	2 802	2 311
海南合计	**11 178**	**1 483**	**6 391**	**176**	**4 787**	**1 307**
海　口	1 713	5	899	…	814	4
洋　浦	7 963	1 451	4 085	149	3 878	1 302
八　所	1 502	27	1 407	27	94	
三　亚						
清　澜						
海南其他						
2. 内河合计	**133 661**	**32 696**	**51 620**	**8 585**	**82 041**	**24 110**
黑龙江合计						
黑　河						

5-22 （续表二）

单位：千吨

港口	总计	外贸	出港	外贸	进港	外贸
肇　源						
哈尔滨						
佳木斯						
黑龙江其他						
山东合计	**60**		**21**		**39**	
济　宁	37		19		18	
枣　庄						
山东其他	23		2		21	
上　海	**480**		**1**		**480**	
江苏合计	**91 349**	**30 844**	**33 843**	**7 799**	**57 506**	**23 044**
南　京	10 242	1 937	5 077	819	5 165	1 118
镇　江	8 035	2 290	2 475	493	5 559	1 797
苏　州	25 569	13 319	7 030	2 787	18 539	10 532
南　通	7 396	1 621	2 427	439	4 968	1 182
常　州	3 718	1 257	1 235	56	2 483	1 201
江　阴	11 860	5 540	2 137	923	9 724	4 617
扬　州	567	245	104	12	463	233
泰　州	9 061	4 635	4 186	2 272	4 875	2 364
徐　州	56		42		14	
连云港						
无　锡	1 336		612		724	
宿　迁						
淮　安	5 179		4 934		245	
扬州内河						
镇江内河	514		512		2	
苏州内河	4 617		1 054		3 562	
常州内河	676		609		67	
江苏其他	2 523		1 407		1 116	
浙江合计	**5 493**		**942**		**4 551**	
杭　州	388				388	
嘉兴内河	3 175		546		2 629	
湖　州	1 598		182		1 416	
宁波内河						
绍　兴	331		214		118	
金　华						
青　田						
浙江其他						

5-22 （续表三）

单位：千吨

港口	总计	外贸	出港	外贸	进港	外贸
安徽合计	**8 002**	**60**	**6 061**	**18**	**1 941**	**42**
马鞍山	344		97		247	
芜湖	1 287		1 204		83	
铜陵	3 021		3 021			
池州	1 501		541		961	
安庆	841	22	479	17	362	5
阜阳	75		75			
合肥	788	38	635	2	152	36
六安						
滁州	119				119	
淮南						
蚌埠						
亳州						
安徽其他	26		9		17	
江西合计	**3 150**	**12**	**681**	**12**	**2 468**	
南昌	17		3		13	
九江	1 940		636		1 304	
樟树						
江西其他	1 193	12	42	12	1 150	
河南合计	**1 800**		**1 739**		**61**	
湖北合计	**11 061**	**338**	**3 253**	**213**	**7 809**	**125**
嘉鱼						
武汉	1 950		841		1 108	
黄州						
鄂州						
黄石	299	182	157	78	142	104
襄阳						
荆州	1 836		1 106		730	
宜昌	3 927	155	875	135	3 051	20
潜江						
天门						
汉川						
湖北其他	3 049		273		2 777	
湖南合计	**1 833**	**253**	**739**	**164**	**1 095**	**89**
长沙	560	253	237	164	322	89
湘潭						
株洲	29				29	

5-22 （续表四）

单位：千吨

港口	总计	外贸	出港	外贸	进港	外贸
岳　阳	833		210		622	
沅　陵						
常　德						
湖南其他	412		291		121	
广东合计	**5 360**	**928**	**680**	**237**	**4 679**	**690**
番　禺						
新　塘	2 627		27		2 600	
五　和						
中　山	37				37	
佛　山	1 239	666	91	49	1 148	617
江　门	668	174	230	129	437	44
东　莞	193	…	43		150	…
肇　庆	597	88	289	59	308	28
惠　州						
云　浮						
韶　关						
清　远						
河　源						
广西合计	**1 008**	**128**	**688**	**107**	**319**	**21**
南　宁	1		1			
柳　州	…	…	…	…		
贵　港	369	11	281	2	89	8
梧　州	605	117	375	104	231	13
来　宾						
广西其他	32		32			
重　庆	**2 546**		**1 932**		**614**	
四川合计	**1 519**	**134**	**1 040**	**35**	**478**	**99**
泸　州	536	130	264	33	272	97
宜　宾	162	4	92	2	70	2
乐　山	309		309			
南　充						
四川其他	512		375		137	
贵州合计						
云南合计						
昭　通						
云南其他						

5-23　全国港口有色金属吞吐量

单位：千吨

港　口	总计	外贸	出港	外贸	进港	外贸
全国总计	**14 510**	**7 888**	**5 068**	**1 992**	**9 442**	**5 896**
1. 沿海合计	**11 971**	**6 969**	**3 977**	**1 863**	**7 994**	**5 106**
辽宁合计	**2 237**	**1 532**	**119**	**12**	**2 118**	**1 520**
丹　东	26	24	…		26	24
大　连	9	9	7	7	2	2
营　口	1 533	1 494	9		1 524	1 494
盘　锦						
锦　州	575	4	9	4	566	
葫芦岛	93		93			
河北合计	**61**	**11**	**50**		**11**	**11**
秦皇岛	11	11			11	11
黄　骅	50		50			
唐　山						
天　津	**3 599**	**2 854**	**1 975**	**1 477**	**1 624**	**1 376**
山东合计	**864**	**673**	**272**	**81**	**592**	**592**
滨　州	58		58			
东　营						
潍　坊						
烟　台	29	29	6	6	23	23
威　海						
青　岛	777	644	208	75	569	569
日　照						
上　海	**392**	**216**	**27**	**23**	**364**	**192**
江苏合计	**816**	**616**	**98**	**70**	**718**	**546**
连云港	816	616	98	70	718	546
盐　城						
浙江合计	**14**				**14**	
嘉　兴						
宁波舟山	14				14	
其中：宁　波	14				14	
舟　山						
台　州						
温　州						

5-23 （续表一）

单位：千吨

港　口	总计		出港		进港	
		外贸		外贸		外贸
福建合计	**273**	**38**			**273**	**38**
福　州	265	30			265	30
其中：福州市港口	216	30			216	30
宁德市港口	49				49	
莆　田	2	2			2	2
泉　州						
厦　门	5	5			5	5
其中：厦门市港口	5	5			5	5
漳州市港口						
广东合计	**2 496**	**860**	**713**	**71**	**1 783**	**789**
潮　州						
汕　头						
揭　阳						
汕　尾						
惠　州						
深　圳	15	15			15	15
东　莞	1 212	14	527	2	685	13
广　州	893	636	174	61	719	576
中　山	31	24	12	8	19	16
珠　海						
江　门	…		…		…	
阳　江	345	170			345	170
茂　名						
湛　江						
广西合计	**1 067**	**168**	**650**	**127**	**418**	**41**
广西北部湾港	1 067	168	650	127	418	41
其中：北　海	243	2	3		239	2
钦　州	721	152	572	127	149	25
防　城	104	15	74		30	15
海南合计	**151**	**2**	**73**	**1**	**78**	**1**
海　口	10		5		5	
洋　浦	141	2	68	1	73	1
八　所						
三　亚						
清　澜						
海南其他						
2. 内河合计	**2 539**	**919**	**1 091**	**129**	**1 448**	**790**
黑龙江合计						
黑　河						

5-23 （续表二）

单位：千吨

港口	总计	外贸	出港	外贸	进港	外贸
肇　源						
哈尔滨						
佳木斯						
黑龙江其他						
山东合计						
济　宁						
枣　庄						
山东其他						
上　海						
江苏合计	**920**	**156**	**408**	**19**	**512**	**137**
南　京	2				2	
镇　江	628	125	305	17	323	108
苏　州	21	17			21	17
南　通						
常　州	29				29	
江　阴	43	…	39		4	…
扬　州						
泰　州	38	13	21	2	17	11
徐　州	…		…		…	
连云港						
无　锡	81		17		63	
宿　迁						
淮　安	1		1			
扬州内河						
镇江内河						
苏州内河	11		3		8	
常州内河	64		22		42	
江苏其他	3		…		3	
浙江合计	**51**				**51**	
杭　州						
嘉兴内河	51				51	
湖　州						
宁波内河						
绍　兴						
金　华						
青　田						
浙江其他						

5-23 （续表三）

单位：千吨

港　口	总计	外贸	出港	外贸	进港	外贸
安徽合计	**29**	**5**	**26**	**5**	**3**	
马鞍山	3				3	
芜　湖						
铜　陵	5	5	5	5		
池　州	21		21			
安　庆						
阜　阳						
合　肥						
六　安						
滁　州						
淮　南						
蚌　埠						
亳　州						
安徽其他						
江西合计	**52**		**44**		**8**	
南　昌						
九　江	52		44		8	
樟　树						
江西其他						
河南合计						
湖北合计	**345**	**48**	**301**	**8**	**43**	**39**
嘉　鱼						
武　汉						
黄　州						
鄂　州						
黄　石	327	39	287		39	39
襄　阳						
荆　州	5		1		4	
宜　昌	13	8	13	8	…	…
潜　江						
天　门						
汉　川						
湖北其他						
湖南合计	**127**	**18**	**8**	**8**	**119**	**10**
长　沙	18	18	8	8	10	10
湘　潭						
株　洲						

5-23 （续表四）

单位：千吨

港　口	总计	外贸	出港	外贸	进港	外贸
岳　阳	108				108	
沅　陵						
常　德						
湖南其他						
广东合计	**732**	**609**	**177**	**88**	**556**	**521**
番　禺						
新　塘						
五　和						
中　山						
佛　山	516	408	134	47	382	360
江　门	7	1	2	1	5	…
东　莞	5	…	1	…	4	
肇　庆	200	200	40	40	160	160
惠　州						
云　浮						
韶　关						
清　远	5				5	
河　源						
广西合计	**170**	**83**	**18**	**…**	**152**	**83**
南　宁						
柳　州	…	…	…	…		
贵　港	10	…	2		8	…
梧　州	160	83	16	…	143	83
来　宾						
广西其他						
重　庆	**111**		**105**		**5**	
四川合计	**2**	**1**	**2**	**1**		
泸　州	1	1	1	1		
宜　宾	1		1			
乐　山						
南　充						
四川其他						
贵州合计						
云南合计						
昭　通						
云南其他						

5-24　全国港口轻工、医药产品吞吐量

单位：千吨

港　口	总计	外贸	出港	外贸	进港	外贸
全国总计	148 279	57 566	69 082	23 045	79 197	34 522
1.沿海合计	129 179	50 546	60 321	21 562	68 858	28 984
辽宁合计	1 327	1 246	6	6	1 321	1 240
丹　东						
大　连	23	6	6	6	17	…
营　口	1 240	1 240			1 240	1 240
盘　锦						
锦　州	64				64	
葫芦岛						
河北合计	923	923			923	923
秦皇岛						
黄　骅	566	566			566	566
唐　山	357	357			357	357
天　津	70 598	31 461	37 121	19 220	33 477	12 242
山东合计	5 447	5 170	275	52	5 172	5 118
滨　州						
东　营						
潍　坊	43	…	…	…	42	
烟　台	67	63	16	16	51	47
威　海						
青　岛	4 583	4 356	252	32	4 331	4 324
日　照	754	751	6	3	748	748
上　海	2 693	1 304	1 043	5	1 650	1 299
江苏合计	1 357	1 256	94	6	1 264	1 250
连云港	1 118	1 017	94	6	1 024	1 011
盐　城	239	239			239	239
浙江合计	1 007	591	101		905	591
嘉　兴	8	8			8	8
宁波舟山	999	583	101		898	583
其中：宁　波	993	583	101		892	583
舟　山	6		1		5	
台　州						
温　州						

5-24 （续表一）

单位：千吨

港　　口	总计	外贸	出港	外贸	进港	外贸
福建合计	512	482	24	…	488	482
福　　州						
其中：福州市港口						
宁德市港口						
莆　　田						
泉　　州	…	…	…	…		
厦　　门	512	482	24	…	488	482
其中：厦门市港口	380	350	24	…	356	350
漳州市港口	132	132			132	132
广东合计	27 153	6 165	10 753	1 475	16 400	4 689
潮　　州						
汕　　头						
揭　　阳						
汕　　尾						
惠　　州						
深　　圳	5	5			5	5
东　　莞	9 701	276	3 750	133	5 950	143
广　　州	12 937	3 242	4 818	250	8 119	2 992
中　　山	2 391	1 073	1 593	849	798	224
珠　　海	965	626	367	33	599	592
江　　门	556	507	219	210	337	297
阳　　江	15	15			15	15
茂　　名						
湛　　江	582	420	5		577	420
广西合计	12 964	1 814	8 049	693	4 915	1 120
广西北部湾港	12 964	1 814	8 049	693	4 915	1 120
其中：北　海	1 185	135	794	71	391	63
钦　州	11 085	1 194	7 085	622	4 001	572
防　城	694	484	170	…	523	484
海南合计	5 198	133	2 855	104	2 343	29
海　　口	2 475	…	986	…	1 489	…
洋　　浦	2 641	133	1 831	104	810	29
八　　所						
三　　亚	82		38		44	
清　　澜						
海南其他						
2. 内河合计	19 099	7 020	8 761	1 483	10 338	5 538
黑龙江合计						
黑　　河						

5-24 （续表二）

单位：千吨

港 口	总计	外贸	出港	外贸	进港	外贸
肇　源						
哈尔滨						
佳木斯						
黑龙江其他						
山东合计	**8**				**8**	
济　宁	7				7	
枣　庄	1				1	
山东其他						
上　海	**99**		**96**		**4**	
江苏合计	**11 016**	**4 900**	**4 588**	**24**	**6 428**	**4 876**
南　京	35		15		20	
镇　江	125	76			125	76
苏　州	8 693	4 778	3 777	4	4 916	4 774
南　通	104	21	84		21	21
常　州	258		47		210	
江　阴	562	4	96	…	467	4
扬　州	71		27		43	
泰　州	118	21	110	20	8	1
徐　州	315		115		201	
连云港						
无　锡	130		130			
宿　迁	85		63		22	
淮　安	259		60		199	
扬州内河						
镇江内河						
苏州内河	178				178	
常州内河						
江苏其他	84		65		19	
浙江合计	**103**		**1**		**102**	
杭　州	37				37	
嘉兴内河	40				40	
湖　州	25				25	
宁波内河						
绍　兴						
金　华						
青　田						
浙江其他	1		1			

5-24 （续表三）

单位：千吨

港口	总计	外贸	出港	外贸	进港	外贸
安徽合计	**414**	**128**	**158**	**104**	**256**	**24**
马鞍山	14		11		3	
芜 湖	3				3	
铜 陵						
池 州						
安 庆	142	115	100	98	42	16
阜 阳	2		2			
合 肥	252	13	45	5	207	8
六 安						
滁 州						
淮 南						
蚌 埠						
亳 州						
安徽其他						
江西合计	**118**		**67**		**51**	
南 昌	28				28	
九 江	90		67		23	
樟 树						
江西其他						
河南合计						
湖北合计	**1 250**	**155**	**493**	**153**	**757**	**2**
嘉 鱼						
武 汉	465		6		459	
黄 州						
鄂 州						
黄 石	29	13	17	13	12	
襄 阳						
荆 州	493		325		168	
宜 昌	263	142	144	140	119	2
潜 江						
天 门						
汉 川						
湖北其他						
湖南合计	**629**	**340**	**359**	**232**	**270**	**108**
长 沙	441	340	276	232	165	108
湘 潭						
株 洲						

5-24 （续表四）

单位：千吨

港　口	总计	外贸	出港	外贸	进港	外贸
岳　阳	187		83		104	
沅　陵						
常　德						
湖南其他	1				1	
广东合计	**3 505**	**1 442**	**1 839**	**945**	**1 666**	**497**
番　禺	178				178	
新　塘	387	23	52	11	335	12
五　和	28	28	28	28		
中　山						
佛　山	411	227	50	36	362	191
江　门	1 625	1 112	1 286	828	339	283
东　莞	684	…	351		333	…
肇　庆	191	51	72	41	120	10
惠　州						
云　浮						
韶　关						
清　远						
河　源						
广西合计	**734**	**40**	**613**	**20**	**121**	**20**
南　宁	165		158		7	
柳　州	2	…	2	…	…	…
贵　港	115	…	80	…	35	…
梧　州	254	39	175	20	79	19
来　宾						
广西其他	198		198			
重　庆	**671**		**278**		**392**	
四川合计	**553**	**16**	**268**	**5**	**285**	**11**
泸　州	264	6	225	4	39	2
宜　宾	290	10	43	1	246	9
乐　山						
南　充						
四川其他						
贵州合计						
云南合计						
昭　通						
云南其他						

5-25 全国港口农、林、牧、渔业产品吞吐量

单位：千吨

港口	总计	外贸	出港	外贸	进港	外贸
全国总计	58 463	25 185	18 187	2 727	40 276	22 458
1.沿海合计	41 544	20 384	11 823	2 392	29 721	17 992
辽宁合计	600	240	16	2	584	238
丹东	9	9	1	1	8	8
大连	95	90	1	1	94	89
营口	487	140	14		473	140
盘锦	9				9	
锦州						
葫芦岛						
河北合计	372	148			372	148
秦皇岛	94	92			94	92
黄骅	267	46			267	46
唐山	10	10			10	10
天津	12 304	6 904	4 078	1 472	8 225	5 432
山东合计	2 767	1 170	1 126	89	1 641	1 081
滨州	26	26			26	26
东营	415	2	413		2	2
潍坊						
烟台	162	158	25	23	137	134
威海	487	482	40	40	447	442
青岛	31	28	20	20	11	8
日照	1 645	474	627	6	1 018	468
上海	1 078	546	343		735	546
江苏合计	687	657	12	12	675	644
连云港	668	638	12	12	656	626
盐城	19	19			19	19
浙江合计	1 263	1 066	151	2	1 112	1 065
嘉兴	357	357			357	357
宁波舟山	811	656	151	2	660	655
其中：宁波	14	3	8		5	3
舟山	797	653	143	2	654	651
台州	7				7	
温州	89	53			89	53

5-25 （续表一）

单位：千吨

港口	总计	外贸	出港	外贸	进港	外贸
福建合计	1 665	1 509	197	96	1 468	1 413
福州	292	292	1	1	291	291
其中：福州市港口	292	292	1	1	291	291
宁德市港口						
莆田	1				1	
泉州	244	221	47	46	197	175
厦门	1 128	996	149	48	979	947
其中：厦门市港口	837	728	149	48	687	679
漳州市港口	292	268	…	…	291	268
广东合计	5 756	3 839	1 060	124	4 696	3 715
潮州						
汕头	6				6	
揭阳						
汕尾						
惠州	41		25		16	
深圳	293	274	4		289	274
东莞	1 885	679	496	…	1 389	679
广州	3 137	2 773	363	123	2 773	2 649
中山	19	5	…	…	18	4
珠海						
江门	232		148		84	
阳江	69	51	18		51	51
茂名	13		1		12	
湛江	61	57	5		57	57
广西合计	5 960	2 890	1 425	206	4 535	2 684
广西北部湾港	5 960	2 890	1 425	206	4 535	2 684
其中：北海	294	187	120	50	174	137
钦州	3 683	1 056	1 069	153	2 614	904
防城	1 983	1 647	236	3	1 747	1 644
海南合计	9 093	1 415	3 413	390	5 679	1 025
海口	7 898	433	3 144	187	4 755	246
洋浦	1 194	982	270	203	925	779
八所						
三亚						
清澜						
海南其他						
2. 内河合计	16 919	4 801	6 364	335	10 556	4 466
黑龙江合计	2		2		…	
黑河						

5-25 （续表二）

单位：千吨

港口	总计	外贸	出港	外贸	进港	外贸
肇源						
哈尔滨	2		2		…	
佳木斯						
黑龙江其他						
山东合计						
济宁						
枣庄						
山东其他						
上海	**12**		**12**			
江苏合计	**9 955**	**4 154**	**4 812**	**51**	**5 143**	**4 104**
南京	196	74	67		130	74
镇江	5				5	
苏州	5 288	2 290	2 683	34	2 605	2 256
南通	2 451	1 559	869	13	1 582	1 546
常州						
江阴	265	1	258	1	7	
扬州						
泰州	352	231	112	3	240	228
徐州	2		2		1	
连云港						
无锡						
宿迁	239		105		134	
淮安	152		23		128	
扬州内河	12				12	
镇江内河						
苏州内河	111		28		83	
常州内河						
江苏其他	882		664		217	
浙江合计	**1**				**1**	
杭州						
嘉兴内河	1				1	
湖州						
宁波内河						
绍兴						
金华						
青田						
浙江其他						

5-25 （续表三）

单位：千吨

港 口	总计	外贸	出港	外贸	进港	外贸
安徽合计	**685**	**208**	**415**	**138**	**269**	**70**
马鞍山						
芜　湖	82				82	
铜　陵						
池　州						
安　庆	27	23			27	23
阜　阳						
合　肥	575	185	415	138	160	47
六　安						
滁　州						
淮　南						
蚌　埠						
亳　州						
安徽其他						
江西合计	**862**				**862**	
南　昌	860				860	
九　江	2				2	
樟　树						
江西其他						
河南合计	**15**				**15**	
湖北合计	**2 079**	**6**	**65**	**…**	**2 015**	**5**
嘉　鱼	17				17	
武　汉	359				359	
黄　州	1 479				1 479	
鄂　州						
黄　石						
襄　阳						
荆　州	134		60		75	
宜　昌	77	6	5	…	72	5
潜　江						
天　门						
汉　川	12				12	
湖北其他						
湖南合计	**493**	**33**	**20**	**19**	**474**	**13**
长　沙	259	33	20	19	239	13
湘　潭						
株　洲						

5-25 （续表四）

单位：千吨

港口	总计	外贸	出港	外贸	进港	外贸
岳　阳	235				235	
沅　陵						
常　德						
湖南其他						
广东合计	1 440	207	914	120	526	87
番　禺	620		620			
新　塘						
五　和	65	21			65	21
中　山						
佛　山	59	7	46	1	13	6
江　门	203	57	31	4	171	53
东　莞	23		13		10	
肇　庆	470	121	204	115	266	7
惠　州						
云　浮						
韶　关						
清　远						
河　源						
广西合计	188	5	18	…	170	5
南　宁	40		5		35	
柳　州						
贵　港	98	4	8	…	90	4
梧　州	44	1	5		39	1
来　宾						
广西其他	6				6	
重　庆	660				660	
四川合计	527	188	107	7	420	181
泸　州	452	188	58	7	394	181
宜　宾	75	…	48	…	27	
乐　山						
南　充						
四川其他						
贵州合计						
云南合计						
昭　通						
云南其他						

5-26 全国港口其他吞吐量

单位：千吨

港口	总计	外贸	出港	外贸	进港	外贸
全国总计	3 226 083	1 406 214	1 801 905	836 895	1 424 178	569 319
1.沿海合计	2 740 669	1 287 832	1 534 841	770 893	1 205 828	516 939
辽宁合计	225 984	34 616	155 290	21 814	70 694	12 802
丹东	3 012	289	2 438	223	573	66
大连	87 657	33 336	51 068	21 110	36 589	12 227
营口	76 241	830	49 949	430	26 292	401
盘锦	6 081	32	5 001	32	1 080	
锦州	52 929	129	46 771	20	6 158	109
葫芦岛	65		62		2	
河北合计	43 983	3 668	29 425	2 200	14 558	1 468
秦皇岛	7 272	1 428	5 326	939	1 946	489
黄骅	5 676	…	3 624		2 052	…
唐山	31 034	2 240	20 474	1 261	10 560	979
天津	48 925	21 164	25 692	11 712	23 233	9 453
山东合计	513 654	216 120	288 996	132 718	224 658	83 402
滨州	784		301		483	
东营	2 891		1 503		1 387	
潍坊	16 761	1 663	6 388	1 492	10 373	170
烟台	109 215	9 221	63 870	6 648	45 344	2 573
威海	13 993	8 922	8 544	5 973	5 449	2 950
青岛	260 669	188 255	152 025	115 399	108 643	72 856
日照	109 342	8 059	56 365	3 206	52 978	4 853
上海	466 463	360 518	256 154	205 312	210 310	155 206
江苏合计	64 196	20 750	37 869	13 369	26 327	7 381
连云港	61 884	19 146	36 749	12 644	25 134	6 503
盐城	2 312	1 604	1 119	726	1 193	878
浙江合计	356 260	251 655	200 967	161 251	155 293	90 404
嘉兴	20 590	5 595	11 331	3 863	9 259	1 732
宁波舟山	316 744	242 093	182 070	154 717	134 674	87 376
其中：宁波	289 277	233 473	168 826	149 048	120 451	84 425
舟山	27 468	8 620	13 244	5 669	14 223	2 950
台州	5 979	1 660	2 573	1 068	3 405	592
温州	12 947	2 306	4 992	1 602	7 955	705

5-26　（续表一）

单位：千吨

港　口	总计	外贸	出港	外贸	进港	外贸
福建合计	222 572	91 762	112 935	52 864	109 637	38 898
福　州	48 464	13 583	24 472	9 056	23 992	4 527
其中：福州市港口	43 194	13 503	21 420	9 053	21 774	4 450
宁德市港口	5 270	80	3 052	2	2 219	78
莆　田	146	73	72	19	74	55
泉　州	38 556	700	18 802	565	19 754	135
厦　门	135 405	77 405	69 588	43 225	65 817	34 181
其中：厦门市港口	130 736	77 392	67 817	43 220	62 919	34 172
漳州市港口	4 669	13	1 771	5	2 898	8
广东合计	699 176	281 984	379 649	166 893	319 527	115 091
潮　州	1 118		355		763	
汕　头	4 596	2 035	2 252	982	2 344	1 053
揭　阳	2 127		715		1 411	
汕　尾						
惠　州	7 081	499	3 838	402	3 244	97
深　圳	238 606	189 333	148 620	114 354	89 986	74 979
东　莞	11 183	2 298	5 345	423	5 838	1 875
广　州	300 395	73 976	150 463	43 062	149 932	30 915
中　山	4 633	2 191	2 237	1 248	2 396	943
珠　海	32 001	8 613	16 608	5 143	15 393	3 470
江　门	5 651	759	2 536	262	3 114	498
阳　江	939		387		552	
茂　名	1 123	81	533	39	590	43
湛　江	89 722	2 198	45 759	981	43 963	1 218
广西合计	14 724	1 701	7 450	870	7 274	832
广西北部湾港	14 724	1 701	7 450	870	7 274	832
其中：北　海	1 503	31	777	24	726	7
钦　州	11 357	1 535	5 724	812	5 632	723
防　城	1 864	135	949	33	916	102
海南合计	84 732	3 892	40 416	1 891	44 316	2 001
海　口	74 568	245	35 927	156	38 641	89
洋　浦	9 493	3 645	4 208	1 732	5 285	1 912
八　所	162	2	113	2	49	
三　亚	226	…	21	…	205	
清　澜	187		125		62	
海南其他	96		22		74	
2. 内河合计	485 414	118 383	267 063	66 002	218 350	52 381
黑龙江合计	203	184	176	163	28	21
黑　河	159	159	144	144	15	15

5-26 （续表二）

单位：千吨

港　口	总计	外贸	出港	外贸	进港	外贸
肇　源						
哈尔滨	19		12		7	
佳木斯	25	25	19	19	6	6
黑龙江其他						
山东合计	743		289		454	
济　宁	144		19		125	
枣　庄	404		171		233	
山东其他	195		100		95	
上　海	2 871		2 527		344	
江苏合计	209 206	68 039	103 264	38 061	105 942	29 978
南　京	29 785	11 580	16 824	7 940	12 961	3 640
镇　江	12 623	2 942	4 476	1 232	8 147	1 710
苏　州	105 483	44 632	50 518	24 072	54 965	20 560
南　通	32 241	4 532	15 752	1 962	16 489	2 570
常　州	4 134	1 513	2 018	1 120	2 116	393
江　阴	3 989	156	1 921	77	2 067	79
扬　州	5 286	1 320	3 205	928	2 081	392
泰　州	2 570	531	1 260	200	1 310	331
徐　州	375		210		165	
连云港						
无　锡	840	377	539	213	301	164
宿　迁	2 494	7	1 552	7	943	…
淮　安	1 449		750		699	
扬州内河	235		217		18	
镇江内河	230		88		142	
苏州内河	1 826	449	978	311	848	138
常州内河						
江苏其他	5 645		2 956		2 689	
浙江合计	74 303	2 633	61 323	1 457	12 980	1 176
杭　州	56 696	80	55 215	4	1 481	76
嘉兴内河	7 617	437	2 936	215	4 681	222
湖　州	6 066	2 116	2 381	1 238	3 685	878
宁波内河						
绍　兴	2 076		735		1 341	
金　华	23		5		18	
青　田	19		16		3	
浙江其他	1 805		35		1 770	

5-26 (续表三)

单位：千吨

港口	总计	外贸	出港	外贸	进港	外贸
安徽合计	**16 725**	**4 036**	**8 395**	**2 137**	**8 330**	**1 898**
马鞍山	1 873	374	717	65	1 156	309
芜湖	9 615	3 071	5 242	1 812	4 373	1 259
铜陵	849	289	288	94	561	195
池州	499		268		231	
安庆	2 078	172	1 179	99	899	73
阜阳	59		37		22	
合肥	765	127	383	65	382	62
六安						
滁州	519		166		353	
淮南						
蚌埠	139	2	69	2	70	…
亳州						
安徽其他	329		45		284	
江西合计	**26 445**	**4 425**	**7 545**	**2 190**	**18 900**	**2 235**
南昌	2 315	835	1 262	553	1 054	282
九江	24 086	3 579	6 261	1 629	17 826	1 951
樟树						
江西其他	43	11	23	9	21	2
河南合计	**512**	**…**	**249**	**…**	**263**	
湖北合计	**44 998**	**10 195**	**24 247**	**5 491**	**20 750**	**4 704**
嘉鱼						
武汉	26 030	9 641	13 740	5 182	12 289	4 459
黄州	518		222		296	
鄂州						
黄石	97	43	48	19	49	25
襄阳						
荆州	1 880	418	1 068	240	812	178
宜昌	11 430	93	5 372	50	6 058	42
潜江						
天门						
汉川	30				30	
湖北其他	5 013		3 796		1 217	
湖南合计	**11 399**	**3 725**	**5 674**	**1 754**	**5 725**	**1 971**
长沙	982	298	505	155	477	143
湘潭						
株洲						

5-26 （续表四）

单位：千吨

港　口	总计		出港		进港	
		外贸		外贸		外贸
岳　阳	8 850	3 427	4 263	1 599	4 587	1 828
沅　陵						
常　德	495		258		237	
湖南其他	1 071		648		423	
广东合计	**57 571**	**18 673**	**32 997**	**11 627**	**24 573**	**7 046**
番　禺	60		30		30	
新　塘	875	9	851	5	24	4
五　和	3 355	942	1 726	239	1 630	703
中　山	128	128	45	45	83	83
佛　山	30 082	14 332	16 949	9 562	13 133	4 770
江　门	4 901	1 493	2 077	799	2 824	695
东　莞	976	…	286	…	690	…
肇　庆	1 965	887	1 084	544	880	344
惠　州	2 874		1 058		1 816	
云　浮	7 454	386	5 872	215	1 582	171
韶　关	57		57			
清　远	4 843	494	2 963	218	1 881	277
河　源						
广西合计	**9 944**	**414**	**5 728**	**273**	**4 216**	**141**
南　宁	41		40		1	
柳　州						
贵　港	3 465	17	1 709	9	1 756	8
梧　州	6 198	397	3 834	264	2 364	133
来　宾	235		140		95	
广西其他	6		5		1	
重　庆	**25 936**	**5 774**	**13 863**	**2 769**	**12 073**	**3 005**
四川合计	**1 677**	**285**	**785**	**79**	**892**	**206**
泸　州	374	113	194	43	180	70
宜　宾	1 292	171	580	36	712	135
乐　山	11		11			
南　充	…				…	
四川其他						
贵州合计						
云南合计	**2 881**				**2 881**	
昭　通	2 881				2 881	
云南其他						

5-27　全国港口集装箱吞吐量

港口	总计 (TEU)	出港 (TEU)	40英尺	20英尺	进港 (TEU)	40英尺	20英尺	重量 (万吨)	货重
全国总计	282 722 342	143 338 792	43 871 229	54 346 824	139 383 550	41 990 714	54 176 876	318 593	260 575
1. 沿海合计	249 326 088	126 229 542	39 586 526	45 848 013	123 096 546	38 088 352	45 743 829	276 003	224 714
辽宁合计	11 348 993	5 837 516	1 159 473	3 516 032	5 511 477	1 027 935	3 452 947	15 411	12 774
丹　东	202 207	97 604	10 073	77 458	104 603	10 202	84 199	285	242
大　连	3 671 616	1 882 388	523 794	832 262	1 789 228	503 071	780 426	4 326	3 478
营　口	5 206 947	2 641 098	474 649	1 691 800	2 565 849	454 204	1 657 441	7 594	6 539
盘　锦	431 936	219 872	27 763	164 346	212 064	26 211	159 642	605	510
锦　州	1 832 266	993 562	123 064	747 434	838 704	34 244	770 216	2 594	1 999
葫芦岛	4 021	2 992	130	2 732	1 029	3	1 023	6	6
河北合计	4 805 854	2 401 726	122 591	2 156 542	2 404 127	126 173	2 151 779	4 726	3 578
秦皇岛	641 336	320 035	44 674	230 687	321 301	46 598	228 105	722	530
黄　骅	871 032	435 657	25 920	383 817	435 375	25 753	383 869	975	772
唐　山	3 293 486	1 646 034	51 997	1 542 038	1 647 451	53 822	1 539 805	3 029	2 277
天　津	20 269 375	10 164 524	2 210 340	5 723 992	10 104 851	2 172 738	5 737 397	20 409	16 084
山东合计	34 465 207	17 501 737	5 192 862	7 037 329	16 963 471	4 945 692	6 988 999	41 464	34 101
滨　州									
东　营									
潍　坊	581 202	293 053	31 551	229 011	288 149	31 003	226 143	1 125	997
烟　台	3 650 957	1 835 898	315 269	1 189 590	1 815 059	317 174	1 164 972	5 268	4 442
威　海	1 344 454	671 296	223 348	211 386	673 158	216 843	225 885	1 165	868
青　岛	23 714 375	12 116 984	4 213 173	3 641 932	11 597 391	3 972 165	3 599 423	25 074	20 087
日　照	5 174 220	2 584 506	409 521	1 765 410	2 589 714	408 507	1 772 576	8 831	7 706
上　海	47 033 314	23 783 208	8 866 711	5 812 329	23 250 106	8 637 662	5 734 535	45 691	36 573
江苏合计	5 410 508	2 808 134	913 094	978 560	2 602 374	820 094	960 640	5 282	4 173
连云港	5 034 877	2 617 850	883 080	848 304	2 417 027	790 373	834 735	5 051	4 018
盐　城	375 631	190 284	30 014	130 256	185 347	29 721	125 905	231	154
浙江合计	34 886 499	17 732 134	6 507 581	4 470 226	17 154 364	6 178 426	4 536 582	33 400	26 291
嘉　兴	2 221 903	1 233 780	413 765	406 104	988 123	308 102	371 831	2 058	1 581
宁波舟山	31 078 544	15 715 248	5 887 016	3 697 005	15 363 297	5 664 564	3 775 567	29 583	23 273
其中：宁波	29 372 789	14 825 732	5 533 923	3 526 271	14 547 057	5 334 210	3 626 875	28 413	22 434
舟山	1 705 756	889 516	353 093	170 734	816 240	330 354	148 692	1 170	839
台　州	550 529	268 748	67 437	133 487	281 781	64 600	152 387	554	440
温　州	1 035 523	514 359	139 363	233 630	521 165	141 160	236 797	1 205	998

5-27 （续表一）

港口	总计（TEU）	出港（TEU）	40英尺	20英尺	进港（TEU）	40英尺	20英尺	重量（万吨）	货重
福建合计	**17 462 074**	**8 756 046**	**2 639 247**	**3 402 474**	**8 706 029**	**2 582 937**	**3 462 105**	**21 978**	**18 425**
福州	3 445 531	1 693 321	368 587	950 715	1 752 210	373 859	999 446	4 589	3 864
其中：福州市港口	3 292 271	1 617 451	364 349	883 321	1 674 820	369 519	930 736	4 315	3 625
宁德市港口	153 260	75 870	4 238	67 394	77 390	4 340	68 710	274	240
莆田	15 814	7 068	1 891	3 286	8 746	2 560	3 626	12	9
泉州	1 954 349	976 374	154 280	667 812	977 974	153 233	671 506	3 856	3 436
厦门	12 046 381	6 079 283	2 114 489	1 780 661	5 967 098	2 053 285	1 787 527	13 521	11 115
其中：厦门市港口	11 777 113	5 940 205	2 092 217	1 686 217	5 836 908	2 032 413	1 699 081	13 060	10 712
漳州市港口	269 268	139 078	22 272	94 444	130 190	20 872	88 446	461	404
广东合计	**64 289 417**	**32 564 120**	**11 321 531**	**9 456 051**	**31 725 297**	**10 955 099**	**9 406 795**	**71 588**	**58 679**
潮州	69 172	33 564	6 997	19 570	35 608	7 422	20 764	112	97
汕头	1 799 877	900 069	245 598	406 801	899 808	245 908	405 870	2 466	2 106
揭阳	156 203	78 727	9 064	60 599	77 476	9 880	57 716	236	202
汕尾									
惠州	310 572	170 292	64 873	38 031	140 281	46 025	40 854	385	329
深圳	28 767 575	14 562 875	6 032 514	2 187 704	14 204 700	5 852 701	2 170 410	21 240	15 483
东莞	3 398 196	1 697 100	401 329	875 470	1 701 096	403 065	882 631	4 941	4 262
广州	24 179 592	12 159 465	3 707 779	4 692 237	12 020 128	3 646 549	4 678 014	35 172	30 306
中山	1 365 443	682 645	264 008	151 132	682 799	264 913	149 080	1 122	849
珠海	2 040 010	1 027 760	255 387	516 597	1 012 250	249 377	513 104	3 200	2 792
江门	694 735	496 621	170 372	84 037	198 113	60 599	76 575	639	500
阳江	46 348	23 335	1 665	20 005	23 013	1 658	19 697	86	75
茂名	56 972	28 504	4 301	19 902	28 468	4 280	19 908	108	97
湛江	1 404 723	703 164	157 644	383 966	701 560	162 722	372 172	1 881	1 582
广西合计	**6 011 879**	**3 015 940**	**334 230**	**2 346 618**	**2 995 939**	**322 117**	**2 350 902**	**11 174**	**9 846**
广西北部湾港	6 011 879	3 015 940	334 230	2 346 618	2 995 939	322 117	2 350 902	11 174	9 846
其中：北海	613 780	312 626	32 831	246 964	301 154	32 620	235 914	1 189	1 054
钦州	4 627 076	2 312 408	293 582	1 724 382	2 314 668	281 440	1 750 985	8 707	7 689
防城	771 023	390 906	7 817	375 272	380 117	8 057	364 003	1 278	1 102
海南合计	**3 342 970**	**1 664 458**	**318 866**	**947 860**	**1 678 512**	**319 479**	**961 148**	**4 881**	**4 191**
海口	2 010 914	1 002 287	179 499	586 376	1 008 628	178 659	594 880	3 183	2 776
洋浦	1 318 346	655 342	138 408	356 572	663 004	139 830	361 368	1 679	1 400
八所									
三亚	13 710	6 830	959	4 912	6 880	990	4 900	19	16
清澜									
海南其他									
2. 内河合计	**33 396 255**	**17 109 250**	**4 284 703**	**8 498 811**	**16 287 005**	**3 902 362**	**8 433 047**	**42 590**	**35 862**
黑龙江合计	**7 124**	**3 675**		**3 675**	**3 449**		**3 449**	**12**	**11**
黑河	7 124	3 675		3 675	3 449		3 449	12	11

5-27 （续表二）

港　口	总计 （TEU）	出港 （TEU）	40英尺	20英尺	进港 （TEU）	40英尺	20英尺	重量 （万吨）	货重
肇　源									
哈尔滨									
佳木斯									
黑龙江其他									
山东合计									
济　宁									
枣　庄									
山东其他									
上　海									
江苏合计	16 390 384	8 571 011	2 209 647	4 142 431	7 819 373	1 881 047	4 054 354	20 588	17 332
南　京	3 109 835	1 582 758	365 549	851 457	1 527 078	373 904	779 067	2 914	2 284
镇　江	435 449	213 315	40 928	131 445	222 135	43 659	134 803	655	564
苏　州	8 114 909	4 197 592	1 288 847	1 614 131	3 917 317	1 115 925	1 684 081	9 929	8 333
南　通	2 027 432	1 044 245	158 293	726 673	983 187	144 112	694 945	3 272	2 848
常　州	355 359	237 639	74 568	88 503	117 720	17 922	81 876	413	342
江　阴	605 086	345 698	79 181	187 336	259 388	37 069	185 250	1 023	902
扬　州	612 093	398 291	108 758	180 635	213 802	61 599	90 566	508	421
泰　州	320 112	161 396	42 742	75 912	158 716	41 737	75 242	373	309
徐　州	113 136	61 498	5 334	50 830	51 638	1 932	47 774	258	233
连云港									
无　锡	51 657	26 092	4 003	18 086	25 565	3 371	18 823	69	59
宿　迁	138 314	68 063	8 081	51 901	70 251	8 565	53 121	249	220
淮　安	310 750	137 445	8 502	118 263	173 305	7 107	157 824	655	593
扬州内河	19 179	10 979	2 121	6 737	8 200	938	6 324	24	19
镇江内河									
苏州内河	104 378	51 146	20 756	9 634	53 232	21 058	11 116	126	100
常州内河									
江苏其他	72 696	34 856	1 984	30 888	37 840	2 149	33 542	121	106
浙江合计	1 220 861	602 319	130 993	326 732	618 542	108 574	361 470	1 476	1 214
杭　州	130 928	65 437	3 548	58 341	65 491	3 696	58 099	185	159
嘉兴内河	379 431	168 552	24 913	105 125	210 879	24 161	122 633	480	399
湖　州	612 708	319 314	102 005	115 304	293 394	80 246	132 902	593	459
宁波内河									
绍　兴	91 080	45 631	178	45 275	45 449	166	45 117	208	189
金　华	1 660	819		819	841		841	2	2
青　田									
浙江其他	5 054	2 566	349	1 868	2 488	305	1 878	8	7

5-27 （续表三）

港口	总计（TEU）	出港（TEU）	40英尺	20英尺	进港（TEU）	40英尺	20英尺	重量（万吨）	货重
安徽合计	**2 040 851**	**1 012 591**	**336 312**	**339 890**	**1 028 260**	**335 982**	**355 012**	**1 858**	**1 491**
马鞍山	176 353	84 733	25 470	33 793	91 620	28 340	34 940	183	165
芜湖	1 151 314	571 642	201 822	167 924	579 671	203 927	171 734	844	620
铜陵	32 129	15 206	1 453	12 300	16 923	1 563	12 596	47	40
池州	12 384	6 194	370	5 454	6 190	396	5 398	19	17
安庆	172 028	85 992	27 337	31 318	86 036	27 531	30 974	208	190
阜阳	4 502	2 228		2 228	2 274		2 274	6	5
合肥	399 531	205 333	79 368	46 595	194 198	73 783	46 632	362	286
六安									
滁州	20 414	5 444	10	5 424	14 970		14 970	45	41
淮南									
蚌埠	72 196	35 818	482	34 854	36 378	442	35 494	142	128
亳州									
安徽其他									
江西合计	**781 545**	**382 886**	**61 480**	**259 732**	**398 660**	**64 704**	**269 058**	**1 251**	**1 093**
南昌	132 259	59 943	7 653	44 443	72 317	11 154	49 815	224	197
九江	648 582	322 595	53 827	214 941	325 987	53 550	218 887	1 026	895
樟树									
江西其他	704	348		348	356		356	1	1
河南合计	**15 058**	**7 475**	**1**	**7 473**	**7 583**	**1**	**7 581**	**24**	**21**
湖北合计	**2 843 400**	**1 417 710**	**384 646**	**647 898**	**1 425 690**	**386 039**	**652 822**	**3 012**	**2 418**
嘉鱼									
武汉	2 475 946	1 235 366	366 227	502 392	1 240 580	367 268	505 603	2 450	1 936
黄州									
鄂州									
黄石	44 100	21 887	2 640	16 607	22 213	2 862	16 480	76	66
襄阳									
荆州	150 361	74 612	9 897	54 818	75 749	10 473	54 803	187	157
宜昌	151 381	75 012	5 860	63 292	76 369	5 414	65 541	265	229
潜江									
天门									
汉川									
湖北其他	21 612	10 833	22	10 789	10 779	22	10 395	34	30
湖南合计	**824 866**	**421 584**	**122 985**	**175 542**	**403 282**	**115 554**	**172 079**	**1 114**	**949**
长沙	200 166	106 865	38 324	30 201	93 301	31 394	30 475	203	164
湘潭									
株洲									

5-27 （续表四）

港口	总计（TEU）	出港（TEU）	40英尺	20英尺	进港（TEU）	40英尺	20英尺	重量（万吨）	货重
岳 阳	600 636	302 264	84 660	132 888	298 371	84 159	129 997	852	732
沅 陵									
常 德	19 948	10 433		10 433	9 515		9 515	50	45
湖南其他	4 116	2 022	1	2 020	2 094	1	2 092	9	8
广东合计	6 492 543	3 293 639	807 658	1 661 041	3 198 904	772 947	1 648 989	8 746	7 422
番 禺	30 200	15 100	5 937	3 226	15 100	5 937	3 226	23	17
新 塘	25 176	13 094	1 843	9 408	12 082	1 113	8 567	39	34
五 和	231 550	116 538	25 618	64 982	115 013	25 495	63 728	440	387
中 山	28 792	14 230	6 550	1 077	14 562	6 672	1 218	17	11
佛 山	3 707 319	1 897 781	478 717	927 286	1 809 538	448 394	912 088	4 777	4 021
江 门	1 038 095	524 789	177 780	165 426	513 305	174 820	162 609	1 078	872
东 莞	286 727	142 309	42 314	57 636	144 418	42 595	59 183	383	326
肇 庆	561 440	277 917	37 444	203 029	283 523	36 408	210 033	934	818
惠 州	195 984	97 817	11 153	75 511	98 167	11 021	76 125	287	252
云 浮	210 084	105 779	10 219	85 341	104 305	10 322	83 661	403	355
韶 关									
清 远	177 176	88 285	10 083	68 119	88 891	10 170	68 551	364	329
河 源									
广西合计	1 186 286	595 345	60 664	474 017	590 941	62 200	466 541	2 240	1 978
南 宁	963	419		419	544		544	1	1
柳 州									
贵 港	340 777	173 059	28 829	115 401	167 718	30 306	107 106	635	561
梧 州	837 533	418 597	31 835	354 927	418 936	31 894	355 148	1 596	1 410
来 宾	6 807	3 168		3 168	3 639		3 639	8	6
广西其他	206	102		102	104		104	…	…
重 庆	1 330 638	665 749	141 713	382 321	664 888	146 031	372 824	1 882	1 598
四川合计	262 701	135 267	28 604	78 059	127 434	29 283	68 868	386	333
泸 州	172 132	88 373	18 411	51 551	83 759	19 945	43 869	252	216
宜 宾	90 552	46 894	10 193	26 508	43 658	9 338	24 982	133	116
乐 山									
南 充	17				17		17	…	…
四川其他									
贵州合计									
云南合计									
昭 通									
云南其他									

5-28 全国港口集装箱吞吐量（重箱）

港　口	总计（TEU）	出港（TEU）	出港 40 英尺	出港 20 英尺	进港（TEU）	进港 40 英尺	进港 20 英尺
全国总计	**179 897 730**	**109 645 135**	**35 682 867**	**37 383 137**	**70 252 595**	**19 478 470**	**31 181 669**
1. 沿海合计	**158 513 544**	**97 816 379**	**32 681 125**	**31 578 749**	**60 697 165**	**17 479 913**	**25 629 968**
辽宁合计	**7 035 827**	**4 842 248**	**933 611**	**2 973 937**	**2 193 579**	**585 158**	**1 022 914**
丹　东	111 983	90 059	7 629	74 801	21 924	4 987	11 950
大　连	2 395 091	1 519 487	407 946	702 506	875 604	305 817	263 621
营　口	3 576 716	2 427 915	458 240	1 511 435	1 148 801	260 854	627 093
盘　锦	232 963	207 438	27 206	153 026	25 525	294	24 937
锦　州	717 087	595 368	32 588	530 192	121 719	13 203	95 313
葫芦岛	1 987	1 981	2	1 977	6	3	
河北合计	**1 390 750**	**968 153**	**110 728**	**746 697**	**422 597**	**46 506**	**329 585**
秦皇岛	198 544	154 140	43 247	67 646	44 404	8 983	26 438
黄　骅	306 637	194 826	24 954	144 918	111 811	12 258	87 295
唐　山	885 569	619 187	42 527	534 133	266 382	25 265	215 852
天　津	**9 807 120**	**5 982 119**	**1 582 721**	**2 809 621**	**3 825 001**	**1 009 597**	**1 804 232**
山东合计	**21 206 617**	**13 191 914**	**3 968 656**	**5 186 455**	**8 014 703**	**2 318 504**	**3 372 482**
滨　州							
东　营							
潍　坊	405 605	184 907	29 533	125 841	220 698	8 523	203 652
烟　台	2 111 862	1 492 607	249 887	977 083	619 255	160 996	296 678
威　海	584 243	394 301	142 506	96 108	189 942	54 590	79 322
青　岛	14 484 052	9 215 853	3 272 622	2 631 441	5 268 199	1 829 792	1 605 467
日　照	3 620 855	1 904 245	274 108	1 355 982	1 716 610	264 603	1 187 363
上　海	**34 070 049**	**21 052 874**	**7 885 236**	**5 085 018**	**13 017 175**	**4 538 601**	**3 918 510**
江苏合计	**2 113 036**	**1 206 191**	**250 656**	**704 332**	**906 845**	**118 343**	**669 520**
连云港	2 016 634	1 148 600	225 638	696 777	868 034	109 044	649 307
盐　城	96 402	57 591	25 018	7 555	38 811	9 299	20 213
浙江合计	**20 807 008**	**14 328 369**	**5 803 741**	**2 531 363**	**6 478 639**	**2 115 686**	**2 236 577**
嘉　兴	1 136 333	719 479	244 283	230 767	416 854	121 295	174 264
宁波舟山	18 888 665	13 224 872	5 426 181	2 185 521	5 663 794	1 919 429	1 814 248
其中：宁　波	18 172 782	12 635 107	5 170 802	2 113 998	5 537 675	1 875 476	1 776 490
舟　山	715 883	589 765	255 379	71 523	126 119	43 953	37 758
台　州	215 294	120 678	39 538	41 215	94 616	10 456	73 704
温　州	566 716	263 341	93 739	73 860	303 375	64 506	174 361

5-28 (续表一)

港　口	总计（TEU）	出港（TEU）	出港 40英尺	出港 20英尺	进港（TEU）	进港 40英尺	进港 20英尺
福建合计	**12 466 850**	**7 194 642**	**2 296 996**	**2 532 471**	**5 272 208**	**1 246 719**	**2 766 618**
福　州	2 237 604	1 255 291	318 066	614 443	982 313	135 179	711 604
其中：福州市港口	2 129 296	1 216 752	314 298	583 440	912 544	133 407	645 379
宁德市港口	108 308	38 539	3 768	31 003	69 769	1 772	66 225
莆　田	8 816	2 337	643	1 051	6 479	2 089	2 301
泉　州	1 708 695	829 777	134 724	560 329	878 918	126 630	625 658
厦　门	8 511 735	5 107 237	1 843 563	1 356 648	3 404 498	982 821	1 427 055
其中：厦门市港口	8 323 817	5 045 091	1 837 698	1 306 232	3 278 726	962 250	1 342 425
漳州市港口	187 918	62 146	5 865	50 416	125 772	20 571	84 630
广东合计	**43 454 069**	**25 945 462**	**9 366 897**	**6 868 556**	**17 508 607**	**5 071 194**	**7 311 275**
潮　州	50 187	14 579	3 274	8 031	35 608	7 422	20 764
汕　头	1 259 515	642 367	210 017	220 263	617 148	141 398	334 347
揭　阳	109 462	31 996	5 740	20 516	77 466	9 880	57 706
汕　尾							
惠　州	186 761	137 206	60 840	13 011	49 555	7 782	33 991
深　圳	18 917 482	13 616 215	5 722 726	1 895 296	5 301 267	1 946 288	1 366 778
东　莞	2 303 467	974 336	209 760	539 525	1 329 131	312 118	703 185
广　州	17 022 684	8 453 901	2 553 053	3 306 469	8 568 783	2 312 621	3 935 433
中　山	779 993	584 157	238 853	102 970	195 836	48 859	98 118
珠　海	1 559 340	845 057	222 982	399 007	714 284	159 404	395 451
江　门	280 105	127 747	43 731	40 184	152 358	42 472	67 211
阳　江	34 684	11 783	324	11 135	22 901	1 658	19 585
茂　名	43 159	20 671	3 113	14 445	22 488	3 847	14 794
湛　江	907 232	485 448	92 484	297 704	421 784	77 445	263 912
广西合计	**4 100 661**	**2 140 172**	**271 424**	**1 596 998**	**1 960 489**	**214 163**	**1 531 861**
广西北部湾港	4 100 661	2 140 172	271 424	1 596 998	1 960 489	214 163	1 531 861
其中：北　海	378 093	185 532	20 512	144 508	192 561	16 566	159 429
钦　州	3 240 481	1 738 863	247 654	1 243 229	1 501 618	192 679	1 115 958
防　城	482 087	215 777	3 258	209 261	266 310	4 918	256 474
海南合计	**2 061 558**	**964 235**	**210 459**	**543 301**	**1 097 323**	**215 442**	**666 394**
海　口	1 341 063	571 982	107 527	356 928	769 081	141 469	486 127
洋　浦	713 662	392 250	102 932	186 370	321 412	73 008	175 367
八　所							
三　亚	6 833	3		3	6 830	965	4 900
清　澜							
海南其他							
2. 内河合计	**21 384 187**	**11 828 756**	**3 001 742**	**5 804 388**	**9 555 431**	**1 998 557**	**5 551 701**
黑龙江合计	**5 883**	**2 434**		**2 434**	**3 449**		**3 449**
黑　河	5 883	2 434		2 434	3 449		3 449

5-28 （续表二）

港　口	总计（TEU）	出港（TEU）	出港 40 英尺	出港 20 英尺	进港（TEU）	进港 40 英尺	进港 20 英尺
肇　源							
哈尔滨							
佳木斯							
黑龙江其他							
山东合计							
济　宁							
枣　庄							
山东其他							
上　海							
江苏合计	**10 787 695**	**5 939 628**	**1 574 570**	**2 785 089**	**4 848 067**	**1 060 895**	**2 724 195**
南　京	1 593 048	1 055 320	322 540	410 062	537 729	112 695	312 289
镇　江	323 585	165 876	34 674	96 519	157 709	28 354	100 992
苏　州	5 838 079	3 091 388	922 057	1 243 380	2 746 691	742 700	1 260 222
南　通	1 433 441	716 469	117 035	482 399	716 972	95 951	525 052
常　州	165 111	78 507	15 511	47 485	86 604	9 351	67 902
江　阴	404 613	184 417	29 127	126 163	220 196	29 692	160 812
扬　州	273 229	172 035	48 122	75 789	101 194	20 057	61 075
泰　州	211 276	155 300	41 950	71 400	55 976	4 351	47 274
徐　州	94 785	54 392	5 175	44 042	40 393	1 720	36 953
连云港							
无　锡	35 084	20 897	3 465	13 967	14 187	1 800	10 587
宿　迁	92 990	56 872	5 480	45 912	36 118	7 010	22 098
淮　安	211 654	104 637	5 398	92 525	107 017	4 637	96 811
扬州内河	8 680	8 679	1 702	5 275	1		1
镇江内河							
苏州内河	57 557	49 676	20 543	8 590	7 881	1 808	4 265
常州内河							
江苏其他	44 563	25 163	1 791	21 581	19 400	769	17 862
浙江合计	**733 869**	**364 312**	**122 432**	**106 510**	**369 558**	**32 606**	**303 547**
杭　州	70 745	13 290	3 304	6 682	57 455	676	56 103
嘉兴内河	201 489	72 695	18 500	22 757	128 795	18 351	91 294
湖　州	390 429	254 843	100 450	53 943	135 586	13 127	109 332
宁波内河							
绍　兴	67 509	22 885	175	22 535	44 624	159	44 306
金　华	822	141		141	681		681
青　田							
浙江其他	2 875	458	3	452	2 417	293	1 831

5-28　（续表三）

港口	总计（TEU）	出港（TEU）	40英尺	20英尺	进港（TEU）	40英尺	20英尺
安徽合计	**988 822**	**583 425**	**179 833**	**223 682**	**405 397**	**81 512**	**241 163**
马鞍山	101 819	35 989	8 533	18 923	65 830	20 962	23 906
芜　湖	496 039	299 686	101 953	95 706	196 353	43 031	110 282
铜　陵	22 697	7 384	473	6 438	15 313	1 466	11 180
池　州	6 893	5 142	350	4 442	1 751	84	1 583
安　庆	92 349	51 428	12 790	25 848	40 921	7 189	26 543
阜　阳	1 758	1 145		1 145	613		613
合　肥	199 818	145 941	55 294	35 351	53 877	8 649	36 579
六　安							
滁　州	20 414	5 444	10	5 424	14 970		14 970
淮　南							
蚌　埠	47 034	31 265	430	30 405	15 769	131	15 507
亳　州							
安徽其他							
江西合计	**586 564**	**279 851**	**40 002**	**199 653**	**306 713**	**39 226**	**228 261**
南　昌	97 458	54 346	7 210	39 732	43 112	2 230	38 652
九　江	488 758	225 157	32 792	159 573	263 601	36 996	189 609
樟　树							
江西其他	348	348		348			
河南合计	**7 537**	**7 169**	**1**	**7 167**	**368**		**368**
湖北合计	**1 602 468**	**881 798**	**204 675**	**472 023**	**720 670**	**171 863**	**376 791**
嘉　鱼							
武　汉	1 356 535	750 182	190 708	368 341	606 353	164 798	276 613
黄　州							
鄂　州							
黄　石	29 335	12 764	2 151	8 462	16 571	1 293	13 976
襄　阳							
荆　州	85 787	47 061	6 416	34 229	38 726	3 332	32 062
宜　昌	120 081	64 545	5 400	53 745	55 536	2 440	50 656
潜　江							
天　门							
汉　川							
湖北其他	10 730	7 246		7 246	3 484		3 484
湖南合计	**592 602**	**313 603**	**92 279**	**128 991**	**278 999**	**66 955**	**145 024**
长　沙	132 738	91 205	36 514	18 163	41 533	6 941	27 624
湘　潭							
株　洲							

5-28 （续表四）

港 口	总计（TEU）	出港（TEU）	40英尺	20英尺	进港（TEU）	40英尺	20英尺
岳 阳	436 765	210 861	55 764	99 292	225 904	60 014	105 838
沅 陵							
常 德	19 948	10 433		10 433	9 515		9 515
湖南其他	3 152	1 105	1	1 103	2 047		2 047
广东合计	**4 211 304**	**2 348 128**	**602 469**	**1 141 392**	**1 863 176**	**396 489**	**1 067 893**
番 禺	15 100				15 100	5 937	3 226
新 塘	16 005	4 016	1 477	1 062	11 989	1 080	8 540
五 和	159 422	50 325	12 917	24 410	109 097	23 578	61 646
中 山	16 178	12 385	5 827	731	3 793	1 545	703
佛 山	2 381 395	1 401 067	365 687	668 788	980 328	234 358	511 081
江 门	629 354	439 476	147 354	143 955	189 878	52 723	84 305
东 莞	177 305	42 100	11 455	19 190	135 205	38 271	58 618
肇 庆	394 425	209 287	30 663	147 961	185 138	21 425	142 270
惠 州	140 079	48 992	10 211	28 570	91 087	7 658	75 771
云 浮	145 598	65 373	8 306	48 761	80 225	3 198	73 829
韶 关							
清 远	136 444	75 108	8 572	57 964	61 336	6 716	47 904
河 源							
广西合计	**767 272**	**540 549**	**56 177**	**428 195**	**226 723**	**23 258**	**180 207**
南 宁	419	359		359	60		60
柳 州							
贵 港	242 288	137 848	25 870	86 108	104 440	15 371	73 698
梧 州	522 273	400 467	30 307	339 853	121 806	7 887	106 032
来 宾	2 220	1 803		1 803	417		417
广西其他	72	72		72			
重 庆	**925 499**	**490 584**	**115 299**	**259 986**	**434 915**	**104 171**	**226 571**
四川合计	**174 672**	**77 276**	**14 005**	**49 266**	**97 396**	**21 582**	**54 232**
泸 州	119 882	51 619	9 682	32 255	68 263	15 455	37 353
宜 宾	54 773	25 657	4 323	17 011	29 116	6 127	16 862
乐 山							
南 充	17				17		17
四川其他							
贵州合计							
云南合计							
昭 通							
云南其他							

主要统计指标解释

码头泊位长度 指报告期末用于停系靠船舶,进行货物装卸和上下旅客地段的实际长度,包括固定的、浮动的各种形式码头的泊位长度。计算单位:米。

泊位个数 指报告期末泊位的实际数量。计算单位:个。

旅客吞吐量 指报告期内经由水路乘船进、出港区范围的旅客数量,不包括免票儿童、船员人数,以及轮渡和港内短途客运的旅客人数。计算单位:人。

货物吞吐量 指报告期内经由水路进、出港区范围并经过装卸的货物数量,包括邮件、办理托运手续的行李、包裹,以及补给的船舶的燃料、物料和淡水。计算单位:吨。

集装箱吞吐量 指报告期内由水路进、出港区范围并经装卸的集装箱数量。计算单位:箱、TEU、吨。

六、交通固定资产投资

简 要 说 明

一、本篇资料反映我国公路、水路交通固定资产投资的基本情况,主要包括固定资产投资额、公路建设投资完成额。

二、本资料统计范围为全社会公路、水路行业固定资产投资项目,由各省、自治区、直辖市交通运输厅(局、委)、新疆生产建设兵团交通运输局和交通运输部所属单位提供。

6-1　交通固定资产投资额（按地区和使用方向分）

单位：万元

地　区	总　　计	公路行业	水路行业	沿海建设	内河建设
全国总计	**275 083 388**	**259 953 289**	**15 130 099**	**7 227 432**	**7 431 007**
东部地区	**90 308 052**	**80 786 342**	**9 521 710**	**6 203 882**	**2 886 160**
中部地区	**64 677 384**	**61 504 006**	**3 173 378**		**3 142 235**
西部地区	**120 097 951**	**117 662 941**	**2 435 011**	**1 023 550**	**1 402 612**
北　京	1 855 971	1 852 432	3 539		
天　津	814 891	456 418	358 473	353 749	
河　北	7 416 272	6 882 119	534 154	508 840	22 717
山　西	7 153 327	7 153 327			
内蒙古	2 903 718	2 903 227	491		
辽　宁	1 331 232	1 017 598	313 634	300 097	2 771
吉　林	2 731 799	2 731 799			
黑龙江	3 092 043	3 086 488	5 555		1 816
上　海	1 828 126	1 535 170	292 956		205 042
江　苏	11 908 948	10 107 656	1 801 292	770 695	1 000 872
浙　江	20 007 811	17 994 320	2 013 491	1 169 591	837 664
安　徽	9 371 879	8 411 870	960 010		956 775
福　建	7 265 314	6 548 659	716 655	662 965	41 507
江　西	8 516 287	7 658 520	857 768		857 768
山　东	16 034 700	14 509 212	1 525 488	884 648	600 183
河　南	11 770 552	11 573 481	197 071		196 061
湖　北	11 693 543	10 934 914	758 629		743 208
湖　南	10 347 954	9 953 608	394 347		386 608
广　东	19 883 666	18 080 109	1 803 556	1 397 523	175 405
广　西	21 298 363	19 860 380	1 437 982	1 023 550	408 350
海　南	1 961 122	1 802 650	158 472	155 774	
重　庆	6 465 462	6 136 690	328 772		326 496
四　川	21 578 883	21 113 020	465 864		465 864
贵　州	9 032 431	8 961 763	70 668		70 668
云　南	32 179 062	32 059 424	119 638		119 638
西　藏	1 813 567	1 813 567			
陕　西	4 076 075	4 075 870	205		205
甘　肃	8 954 057	8 953 566	491		491
青　海	2 412 474	2 407 074	5 400		5 400
宁　夏	1 459 217	1 453 717	5 500		5 500
新　疆	7 924 642	7 924 642			
其中：兵团	1 033 223	1 033 223			

6-2　公路建设投资完成额

单位：万元

地区	总计	高速公路	普通国省道	农村公路
全国总计	259 953 289	151 512 185	56 088 122	40 952 738
东部地区	80 786 342	39 395 109	19 305 095	16 573 895
中部地区	61 504 006	31 777 732	15 314 034	11 778 843
西部地区	117 662 941	80 339 344	21 468 993	12 600 000
北　京	1 852 432	1 689 215	70 330	87 219
天　津	456 418	206 613	192 472	20 551
河　北	6 882 119	3 701 332	1 485 104	1 526 995
山　西	7 153 327	3 243 458	1 624 674	2 208 016
内蒙古	2 903 227	1 094 090	1 005 146	706 936
辽　宁	1 017 598	127 300	181 825	494 683
吉　林	2 731 799	1 967 834	331 997	403 622
黑龙江	3 086 488	1 479 940	1 135 271	353 949
上　海	1 535 170	687 554	382 991	464 625
江　苏	10 107 656	4 551 406	2 979 291	1 814 163
浙　江	17 994 320	6 598 919	4 246 127	6 145 718
安　徽	8 411 870	3 722 964	3 294 183	1 142 754
福　建	6 548 659	2 303 524	2 033 161	1 371 960
江　西	7 658 520	3 704 653	1 744 569	1 903 974

6-2 （续表一）

单位：万元

地 区	总 计	高 速 公 路	普通国省道	农 村 公 路
山 东	14 509 212	7 630 042	2 445 631	3 041 140
河 南	11 573 481	8 392 653	1 737 027	1 193 351
湖 北	10 934 914	3 811 011	3 497 482	2 791 121
湖 南	9 953 608	5 455 220	1 948 832	1 782 056
广 东	18 080 109	11 464 596	4 193 782	1 508 502
广 西	19 860 380	16 151 781	1 521 825	1 976 026
海 南	1 802 650	434 608	1 094 382	98 340
重 庆	6 136 690	4 240 540	1 164 507	677 114
四 川	21 113 020	11 360 571	5 632 526	3 525 293
贵 州	8 961 763	6 838 283	1 163 082	832 750
云 南	32 059 424	28 731 880	1 715 195	1 285 852
西 藏	1 813 567	645 430	443 583	220 526
陕 西	4 075 870	2 068 715	952 501	979 295
甘 肃	8 953 566	4 990 898	2 380 079	1 201 650
青 海	2 407 074	877 757	1 390 388	116 543
宁 夏	1 453 717	978 413	297 172	142 893
新 疆	7 924 642	2 360 986	3 802 990	935 121
#兵团	1 033 223	64 500	731 866	181 320

注：公路行业固定资产投资统计范围包括高速公路、普通国省道、农村公路以及专用公路、枢纽场站、公路信息化、公路科研教育。

6-3 公路建设投资

地区	总计	国道	国家高速公路	省道	县道	乡道
全国总计	259 406 113	79 452 152	45 890 725	124 893 990	17 370 535	8 203 595
东部地区	80 706 293	23 231 787	11 869 303	33 641 787	9 600 869	3 262 141
中部地区	61 235 171	18 619 254	9 861 105	27 746 412	3 946 775	2 775 446
西部地区	117 464 649	37 601 112	24 160 317	63 505 790	3 822 892	2 166 008
北京	1 846 764	853 737	229 015	898 117	61 415	19 633
天津	438 269	199 589	142 504	199 496	6 649	11 649
河北	6 882 119	2 786 471	1 819 065	2 384 462	349 025	639 900
山西	7 153 327	3 681 600	2 241 209	1 159 807	1 343 958	494 658
内蒙古	2 899 367	1 696 334	955 678	386 966	219 594	169 556
辽宁	1 005 998	170 513	80 000	101 733	28 410	7 022
吉林	2 716 180	1 248 122	1 023 886	1 019 169	110 000	80 985
黑龙江	3 082 057	1 513 578	653 538	1 072 249	46 252	92 594
上海	1 535 170	314 369	38 567	756 176	464 625	
江苏	10 107 656	2 179 626	1 393 060	4 304 159	1 280 580	446 502
浙江	17 978 561	6 412 467	2 345 587	4 413 386	4 995 722	635 929
安徽	8 408 010	3 608 080	2 106 401	3 269 875	343 397	29 405
福建	6 521 623	2 239 518	865 463	2 053 361	735 840	475 722
江西	7 639 545	2 454 583	1 252 150	2 943 729	694 447	464 016
山东	14 509 030	3 352 225	1 925 733	6 500 851	865 955	536 193
河南	11 402 438	777 736	81 315	9 291 641	213 560	471 978
湖北	10 934 040	2 486 728	312 211	4 533 100	647 909	876 912
湖南	9 899 574	2 848 826	2 190 395	4 456 843	547 253	264 898
广东	18 078 685	4 103 292	2 715 427	11 128 947	784 811	463 972
广西	19 827 062	2 175 899	1 632 442	15 293 654	965 248	658 078
海南	1 802 419	619 981	314 882	901 100	27 837	25 619
重庆	6 134 898	2 010 822	1 467 245	3 379 895	110 518	62 588
四川	21 075 903	6 984 073	5 084 765	9 845 552	1 189 460	530 975
贵州	8 934 115	2 863 866	1 898 744	5 109 672	147 235	14 284
云南	32 055 644	8 687 158	6 818 229	21 597 546	612 670	118 345
西藏	1 812 239	1 028 291	645 430	48 302	689	
陕西	4 064 921	1 771 883	1 041 563	1 249 333	180 559	288 930
甘肃	8 898 668	3 633 616	1 623 290	3 664 403	285 694	104 556
青海	2 403 973	1 449 964	477 220	807 493	46 390	2 696
宁夏	1 444 899	1 005 405	870 329	265 648	10 386	33 468
新疆	7 912 960	4 293 802	1 645 381	1 857 326	54 449	182 533
其中：兵团	1 033 223	99 556		690 913	24 588	116 600

注：国道、省道、县道、乡道、村道、专用公路投资完成额中均不包括独立桥梁和隧道部分。

六、交通固定资产投资

完成额（按设施分）

单位：万元

村　　道	专 用 公 路	独 立 桥 梁	独 立 隧 道	客运站及综合客运枢纽	货运站及货运枢纽（物流园区）
14 125 970	2 510 958	3 601 354	645 840	3 822 494	4 779 224
3 274 892	714 615	1 804 533	421 329	2 284 044	2 470 296
4 484 762	327 051	1 051 810	20 728	753 349	1 509 583
6 366 316	1 469 292	745 010	203 783	785 101	799 345
6 171		7 691			
2 253					18 633
515 041		38 532		42 085	126 603
349 483	3 838	46 461		54 177	19 344
291 123		44 663		5 095	86 035
451 726		39 935	4 469	63 783	138 407
164 010		81 101		7 467	5 327
123 368	4 004	119 083		24 634	86 295
61 486	4 778	706 928	356 165	507 627	259 806
449 843	20 300	68 031		411 604	571 280
718 539	51 039	190 605		135 270	61 800
100 087	685 214	101 950	30	63 232	66 669
744 692	2 245	50 910		80 986	203 938
1 418 599		433 467		350 409	1 051 331
413 672		135 988	15 556	51 261	31 046
1 104 216	208 518	228 759	2 769	120 174	724 955
866 783	57 408	198 903	2 403	279 380	376 878
234 667		390 226	60 665	674 539	237 567
299 128	7 010	257 155	350	46 065	124 475
35 020	4 323	17 773		170 767	
497 760		20 169		6 783	46 364
1 746 917	232 492	122 905	88 647	111 972	222 909
669 120	24 184	27 614	2 326	71 066	4 750
557 183		122 023	38 003	322 717	
219 837	499 500	12 420		3 200	
459 984	1 200	49 822		30 315	32 895
796 865	8 822	14 235	72 957	98 767	218 753
65 751		10 894	1 500	19 285	
83 443	10 885	18 390		14 319	2 956
679 204	685 199	44 721		55 517	60 208
38 190		7 619		15 199	40 558

主要统计指标解释

交通固定资产投资额 是以货币形式表现的在一定时期内建造和购置固定资产活动的工作量以及与此有关的费用的总称。它是反映交通固定资产投资规模、结构和发展速度的综合性指标，又是观察工程进展和考核投资效果的重要依据。交通固定资产投资一般按以下分组标志进行分类：

按照构成分为建筑、安装工程，设备、器具购置，其他。

按照行业分为水上运输业、公路运输业、支撑系统和交通部门其他。

固定资产投资的资金来源 指固定资产投资建设单位和建设项目在报告期收到的，用于固定资产建造和购置的各项资金，是反映固定资产投资的资金投入规模、结构以及投资过程中的资金运转情况的重要指标。

根据固定资产投资的资金来源，分为国家预算（包括中央预算、中央国债、地方预算、地方政府债券）、部专项资金、国内贷款、利用外资、企事业单位自筹资金和其他资金。中央预算、中央国债和部专项资金合称为中央资金。

新增生产能力或工程效益 指通过固定资产投资活动而新增加的设计生产能力或工程效益，是以实物形态表现的固定资产投资成果的指标。新增生产能力或工程效益的计算，是以能独立发挥生产能力或工程效益的单项工程（或项目）为对象。当单项工程（或项目）实际建成，经有关部门验收合格，正式移交投入生产，即可计算新增生产能力。

七、交通运输科技

简 要 说 明

一、本篇资料反映公路水路、交通运输领域科技机构、人员、科技项目、科技成果基本情况。

二、交通运输机构的统计范围为每年有持续性的、达到一定规模的公路、水路交通运输行业科研投入及产出的机构。

三、交通运输科技活动人员、研究开发人员、科技项目、科技成果的统计范围，是纳入统计的交通运输科技机构所拥有的交通运输科技活动人员、研究开发人员、在研的科技项目、产出的科技成果。

四、本资料由交通运输部科技司提供。

7-1　交通运输科技机构数量（按地区分）

单位：个

地　区	交通运输科技机构数	科学研究与技术服务事业单位	转制为企业的研究机构	高等院校	交通运输企业	其他
全国总计	477	31	43	41	291	71
东部地区	263	16	16	21	183	27
北　京	70	6	1	3	50	10
天　津	12	2	2	1	4	3
河　北	5		1		4	
辽　宁	29		2	4	20	3
上　海	38	4	2	2	27	3
江　苏	22	1	3	5	12	1
浙　江	13	1		1	11	
福　建	8			2	5	1
山　东	14	1	1	3	7	2
广　东	51	1	3		43	4
海　南	1		1			
中部地区	85	8	12	11	38	16
山　西	14		4		8	2
吉　林	13	2		1	2	8
黑龙江	7	2		2	3	
安　徽	7		1	1	4	1
江　西	7		1	2	2	2
河　南	9		1	1	7	
湖　北	22	4	3	2	10	3
湖　南	6		2	2	2	
西部地区	125	7	15	9	66	28
内蒙古	14	2	1		5	6
广　西	6		1	1	4	
重　庆	18	1	1	1	14	1
四　川	8	1	1	2	4	
贵　州	18		1	1	10	6
云　南	15	1	2	1	10	1
西　藏	4	1	1			2
陕　西	8			1	5	2
甘　肃	5		1		3	1
青　海	14	1	2	1	5	5
宁　夏	10		1		5	4
新　疆	5		3	1	1	
其他地区	4				4	

7-2 交通运输科技人员结构

单位：人

	交通运输从业人员数量		交通运输科技活动人员数量			交通运输研究开发人员数量		
		学士及以上学位		硕士及以上学位	高级职称	总计	硕士及以上学位	高级职称
总　计	1 148 515	447 125	152 033	39 737	40 511	83 129	26 299	25 632
科学研究与技术服务事业单位	6 451	5 673	5 440	3 518	2 693	3 329	2 407	1 695
转制为企业的研究机构	24 940	20 470	10 827	4 687	3 663	7 269	3 795	2 750
高等院校	17 130	15 414	12 363	9 602	5 901	7 809	6 560	3 921
交通运输企业	1 070 695	392 650	119 681	20 948	26 977	63 452	13 018	16 711
其他	29 299	12 918	3 722	982	1 277	1 270	519	555
东部地区	764 578	277 091	97 505	24 220	24 285	47 987	15 717	14 723
北　京	247 802	78 157	25 414	5 098	6 571	9 504	3 302	3 615
天　津	26 222	19 194	6 854	1 433	2 354	3 002	994	1 453
河　北	44 634	10 886	5 304	751	1 366	1 291	256	318
辽　宁	51 951	13 671	4 327	2 488	1 881	2 851	1 531	1 196
上　海	140 008	75 545	20 987	5 032	4 169	13 318	3 582	2 943
江　苏	16 652	12 140	6 330	2 808	2 022	4 603	2 328	1 584
浙　江	29 124	12 612	6 333	1 057	1 182	3 536	631	800
福　建	20 769	4 439	1 640	654	699	652	331	317
山　东	59 634	25 990	9 042	2 628	1 803	3 384	1 618	1 103
广　东	127 638	24 326	11 146	2 220	2 179	5 844	1 142	1 392
海　南	144	131	128	51	59	2	2	2
中部地区	166 551	67 595	24 634	7 426	6 957	13 691	4 500	4 311
山　西	23 707	10 042	3 449	578	713	2 891	469	531
吉　林	11 965	2 949	1 211	423	534	202	105	87
黑龙江	20 769	8 724	1 884	347	642	1 147	213	453
安　徽	17 215	5 983	2 788	835	691	537	132	163
江　西	9 540	4 043	3 018	1 039	886	893	396	371
河　南	34 489	7 649	2 598	526	469	1 260	371	301
湖　北	42 011	22 934	6 875	2 436	1 785	4 735	1 829	1 302
湖　南	6 855	5 271	2 811	1 242	1 237	2 026	985	1 103
西部地区	214 427	100 685	29 676	8 086	9 252	21 381	6 079	6 592
内蒙古	17 037	7 260	1 097	304	442	780	288	376
广　西	38 626	19 567	3 746	1 089	976	2 844	953	828
重　庆	37 951	15 669	3 391	1 306	1 336	2 277	1 014	754
四　川	29 830	10 112	8 190	1 386	1 781	7 489	1 022	1 630
贵　州	16 555	7 478	2 022	593	915	876	166	388
云　南	17 165	6 055	1 986	451	585	1 596	384	476
西　藏	546	459	117	27	54	52	11	18
陕　西	32 476	18 652	5 147	1 944	1 805	3 813	1 678	1 551
甘　肃	15 800	9 597	1 467	483	538	652	304	234
青　海	2 011	1 291	871	168	339	309	79	127
宁　夏	3 284	1 947	849	127	280	360	98	112
新　疆	3 146	2 598	793	208	201	333	82	98
其他地区	2 959	1 754	218	5	17	70	3	6

7-3　交通运输科技项目

	项目数（个）		本年资金支出（万元）		本年全时工作量投入（人年）	
	在研项目	新签项目	在研项目	新签项目	在研项目	新签项目
总　计	11 294	4 900	1 475 067	737 536	47 404	19 889
科学研究与技术服务事业单位	1 997	1 018	75 001	25 090	2 617	1 075
转制为企业的研究机构	921	286	55 296	19 414	3 580	1 482
高等院校	2 979	1 211	35 370	10 369	4 792	1 598
交通运输企业	5 092	2 277	1 279 905	675 393	34 670	15 463
其他性质机构	305	108	29 495	7 270	1 745	270
东部地区	7 668	3 520	1 084 604	491 257	31 832	13 644
北　京	2 451	1 284	503 337	264 402	9 391	4 034
天　津	444	237	41 654	21 346	885	421
河　北	211	71	13 728	10 817	1 468	702
辽　宁	1 062	573	27 978	9 664	1 712	835
上　海	768	341	100 251	34 116	3 975	1 261
江　苏	443	184	44 608	13 615	2 018	930
浙　江	944	383	150 844	68 303	2 783	983
福　建	319	85	5 216	1 417	481	105
山　东	371	103	21 028	8 160	1 851	685
广　东	651	257	175 940	59 416	7 247	3 684
海　南	4	2	20		21	4
中部地区	1 377	585	178 326	108 580	6 786	3 194
山　西	216	163	81 513	69 960	1 579	1 259
吉　林	99	17	1 276	347	340	86
黑龙江	197	63	42 008	18 297	1 273	472
安　徽	72	32	7 481	4 818	568	370
江　西	174	57	4 823	2 180	458	136
河　南	117	40	6 423	1 854	685	161
湖　北	379	176	28 732	9 793	1 506	619
湖　南	123	37	6 070	1 332	376	90
西部地区	2 235	782	210 873	136 434	8 738	3 007
内蒙古	111	18	1 898	752	362	78
广　西	530	269	119 848	92 951	1 743	832
重　庆	141	43	15 460	9 269	888	413
四　川	234	42	9 369	725	1 309	162
贵　州	112	32	4 659	845	714	250
云　南	203	97	30 646	21 105	834	355
西　藏	6		826		5	
陕　西	596	168	17 462	7 040	1 819	474
甘　肃	171	68	5 441	2 211	503	208
青　海	34	7	1 323	305	202	51
宁　夏	38	16	3 157	977	150	58
新　疆	59	22	783	255	209	126
其他地区	14	13	1 265	1 265	48	44

7-4 交通运输科技成果、效益及影响情况

指　标		计量单位	数　量
发表科技论文数		篇	19 650
其中：核心期刊		篇	6 375
向国外发表		篇	4 451
SCI、EI、CPCI-S 收录		篇	5 384
出版著作数		部	585
		万字	14 937
专利申请受理数		项	18 725
其中：发明专利		项	8 090
实用新型专利		项	10 221
其中：国外专利申请受理数		项	218
其中：PCT 专利申请		项	119
专利授权数		项	13 952
其中：发明专利		项	3 347
实用新型专利		项	10 087
其中：国外专利授权数		项	129
软件著作权登记数		项	5 299
科技成果推广应用数		项	2 891
科技成果转让	合同数	项	485
	合同金额	万元	33 127
科技成果许可	合同数	项	87
	合同金额	万元	5 088
科技成果作价投资	合同数	项	44
	合同金额	万元	17 553
技术开发、技术咨询、技术服务	合同数	项	12 928
	合同金额	万元	1 574 112

主要统计指标解释

交通运输科技机构 指纳入《交通运输科技统计调查制度》，从事公路水路交通运输领域科学研究与技术开发活动的单位。

交通运输科技活动人员 指公路水路交通运输领域从业人员中的科技管理人员，课题活动人员和科技服务人员。不包括全年从事科技活动工作量不到0.1年的人员。

交通运输研究开发人员 指参加公路水路交通运输领域研究开发活动的人员，不包括全年从事研究开发活动工作量不到0.1年的人员。

科技项目 以科学研究和技术开发为内容而单独立项的项目，其目的在于解决经济和社会发展中出现的科学技术问题，包括基础研究、应用研究、试验发展、研究开发成果应用、科技服务五类。

专利申请受理数 指当年向专利管理部门提出申请并被受理的专利申请件数。

专利授权数 指当年由专利管理部门授予专利权的专利件数。

软件著作权登记数 指依照《中华人民共和国计算机软件保护条例》和《计算机软件著作权登记办法》的规定，向软件登记管理机构办理软件著作权的登记，并领取软件登记管理机构发放的登记证明文件的软件产品的数量。

八、救助打捞

简 要 说 明

一、本篇资料反映交通运输救助打捞系统执行救助和抢险打捞任务、完成生产,以及救助打捞系统装备的基本情况。

二、统计范围:交通运输部各救助局、各打捞局、各救助飞行队。

三、本资料由交通运输部救助打捞局提供。

8-1 救助任务执行情况

项　　目	计算单位	总　　计
一、船舶值班待命艘天	艘天	23 317
二、应急抢险救助任务	次	1 113
三、救捞力量出动	次	1 545
救捞船舶	艘次	274
救助艇	艘次	135
救助飞机	架次	466
应急救助队	队次	670
四、海上救助志愿力量出动	人次	56
出动救助志愿船	艘次	48
五、获救遇险人员	人	1 681
中国籍	人	1 379
外国籍	人	302
六、获救遇险船舶	艘	64
中国籍	艘	49
外国籍	艘	15
七、获救财产价值	万元	550 945
八、打捞任务	次	16
其中：打捞沉船	艘	5
中国籍	艘	4
外国籍	艘	1
打捞沉物	件／吨	4/420.44
打捞航空器	架	1
打捞遇难人员	人	114
其他抢险任务	次	16
九、应急清污任务	次	3
抽取沉船存油	立方米	90
清除海面溢油	立方米	80

8-2 救捞系统船舶拥有量

项目		计算单位	总计
救捞船舶合计	艘数	艘	211
	总吨位	—	1 007 420
	功率	千瓦	898 158
	起重能力	吨	33 050
	载重能力	吨	230 526
一、海洋救助船	艘数	艘	31
	总吨位	—	111 816
	功率	千瓦	289 260
二、近海快速救助船	艘数	艘	10
	总吨位	—	5 478
	功率	千瓦	49 280
三、沿海救生艇	艘数	艘	32
	总吨位	—	920
	功率	千瓦	24 859
四、救捞拖轮	艘数	艘	81
	总吨位	—	174 082
	功率	千瓦	477 674
五、救捞工程船	艘数	艘	26
	总吨位	—	134 422
	功率	千瓦	57 085
六、起重船	艘数	艘	17
	总吨位	—	379 255
	起重量	吨	33 050
七、货船	艘数	艘	14
	总吨位	—	201 447
	载重量	吨	230 526

8-3 救助航空器飞行情况

项　　目	计 算 单 位	总　　计
一、航空器飞行次数	架次	6 353
救助飞行次数	架次	466
训练飞行次数	架次	5 887
二、航空器飞行时间	小时：分钟	3 292：25
其中：夜间飞行时间	小时：分钟	177：51
救助飞行时间	小时：分钟	949：30
训练飞行时间	小时：分钟	2 342：55

8-4 捞、拖完成情况

项　　目	计 算 单 位	总　　计
一、打捞业务	次	28
其中：抢险打捞	次	16
内：（一）打捞沉船	艘	5
（二）救助遇险船舶	艘	9
（三）打捞货物	吨	914
二、拖航运输	次	52
三、海洋工程船舶服务	艘天	29 395
拖轮	艘天	22 573
工程船	艘天	5 450
其他	艘天	1 372
四、大件吊装	次	62
五、其他综合业务	次	4 221

主要统计指标解释

救捞力量　指交通运输部各救助局、各打捞局、各救助飞行队的救捞船舶、救助艇、救助飞机、应急救助队等。

防污　指执行清除海洋污染任务。

海洋救助船　指交通运输部各救助局拥有航速在30节以下的专业海洋救助船。

近海快速救助船　指交通运输部各救助局拥有航速在30节以上的专业近海救助船。

沿海救生艇　指交通运输部各救助局拥有的船长小于16米的专业小型沿海救生艇。

救捞拖轮　指交通运输部各打捞局拥有的拖轮,包括救助拖轮、三用拖轮、平台供应船、港作拖轮等。

救捞工程船　指交通运输部各打捞局拥有起重能力在300吨以下的各类用于海洋工程、抢险打捞等工作的船舶(含起重驳船)。

起重船　指交通运输部各打捞局拥有起重能力在300吨以上的起重船舶。

货船　指交通运输部各打捞局拥有用于货物运输的船舶,包括货船、集装箱船、滚装船、甲板驳、半潜(驳)船、油船等。

附录　交通运输历年主要指标

简 要 说 明

本篇资料列示了 1978 年以来的交通运输主要指标的历史数据，主要包括：公路总里程、内河航道里程、公路水路客货运输量、沿海内河港口泊位及吞吐量、交通固定资产投资。

附录 1-1　全国公路总里程（按行政等级分）

单位：公里

年　份	总　计	国　道	省　道	县　道	乡　道	专用公路	村　道
1978	890 236	237 646		586 130		66 460	
1979	875 794	249 167		311 150	276 183	39 294	
1980	888 250	249 863		315 097	281 000	42 290	
1981	897 462	250 966		319 140	285 333	42 023	
1982	906 963	252 048		321 913	290 622	42 380	
1983	915 079	254 227		322 556	295 485	42 811	
1984	926 746	255 173		325 987	302 485	43 101	
1985	942 395	254 386		331 199	313 620	43 190	
1986	962 769	255 287		341 347	322 552	43 583	
1987	982 243	106 078	161 537	329 442	343 348	41 838	
1988	999 553	106 290	162 662	334 238	353 216	43 147	
1989	1 014 342	106 799	163 562	338 368	362 444	43 169	
1990	1 028 348	107 511	166 082	340 801	370 153	43 801	
1991	1 041 136	107 238	169 352	340 915	379 549	44 082	
1992	1 056 707	107 542	173 353	344 227	386 858	44 727	
1993	1 083 476	108 235	174 979	352 308	402 199	45 755	
1994	1 117 821	108 664	173 601	364 654	425 380	45 522	
1995	1 157 009	110 539	175 126	366 358	454 379	50 607	
1996	1 185 789	110 375	178 129	378 212	469 693	49 380	
1997	1 226 405	112 002	182 559	379 816	500 266	51 762	
1998	1 278 474	114 786	189 961	383 747	536 813	53 167	
1999	1 351 691	117 135	192 517	398 045	589 886	54 108	
2000	1 679 848	118 983	212 450	461 872	800 681	85 861	
2001	1 698 012	121 587	213 044	463 665	813 699	86 017	
2002	1 765 222	125 003	216 249	471 239	865 635	87 096	
2003	1 809 828	127 899	223 425	472 935	898 300	87 269	
2004	1 870 661	129 815	227 871	479 372	945 180	88 424	
2005	1 930 543	132 674	233 783	494 276	981 430	88 380	
2006	3 456 999	133 355	239 580	506 483	987 608	57 986	1 531 987
2007	3 583 715	137 067	255 210	514 432	998 422	57 068	1 621 516
2008	3 730 164	155 294	263 227	512 314	1 011 133	67 213	1 720 981
2009	3 860 823	158 520	266 049	519 492	1 019 550	67 174	1 830 037
2010	4 008 229	164 048	269 834	554 047	1 054 826	67 736	1 897 738
2011	4 106 387	169 389	304 049	533 576	1 065 996	68 965	1 964 411
2012	4 237 508	173 353	312 077	539 519	1 076 651	73 692	2 062 217
2013	4 356 218	176 814	317 850	546 818	1 090 522	76 793	2 147 421
2014	4 463 913	179 178	322 799	552 009	1 105 056	80 338	2 224 533
2015	4 577 296	185 319	329 662	554 331	1 113 173	81 744	2 313 066
2016	4 695 250	353 980	313 180	562 103	1 147 192	68 325	2 250 469
2017	4 773 469	358 389	333 782	550 702	1 157 727	72 038	2 300 831
2018	4 846 532	362 979	372 214	549 678	1 173 813	71 669	2 316 179
2019	5 012 496	366 135	374 812	580 287	1 198 160	71 093	2 422 008
2020	5 198 120	370 719	382 747	661 384	1 238 528	62 317	2 482 426
2021	5280 708	375 384	387 532	679 493	1223 044	51 756	2 563 498

附录 1-2　全国公路总里程（按技术等级分）

单位：公里

年　份	总　计	等级公路 合　计	高速	一级	二级	三级	四级	等外公路
1978	890 236							
1979	875 794	506 444		188	11 579	106 167	388 510	369 350
1980	888 250	521 134		196	12 587	108 291	400 060	367 116
1981	897 462	536 670		203	14 434	111 602	410 431	360 792
1982	906 963	550 294		231	15 665	115 249	419 149	356 669
1983	915 079	562 815		255	17 167	119 203	426 190	352 264
1984	926 746	580 381		328	18 693	124 031	437 329	346 365
1985	942 395	606 443		422	21 194	128 541	456 286	335 952
1986	962 769	637 710		748	23 762	136 790	476 410	325 059
1987	982 243	668 390		1 341	27 999	147 838	491 212	313 853
1988	999 553	697 271	147	1 673	32 949	159 376	503 126	302 282
1989	1 014 342	715 923	271	2 101	38 101	164 345	511 105	298 419
1990	1 028 348	741 104	522	2 617	43 376	169 756	524 833	287 244
1991	1 041 136	764 668	574	2 897	47 729	178 024	535 444	276 468
1992	1 056 707	786 935	652	3 575	54 776	184 990	542 942	269 772
1993	1 083 476	822 133	1 145	4 633	63 316	193 567	559 472	261 343
1994	1 117 821	861 400	1 603	6 334	72 389	200 738	580 336	256 421
1995	1 157 009	910 754	2 141	9 580	84 910	207 282	606 841	246 255
1996	1 185 789	946 418	3 422	11 779	96 990	216 619	617 608	239 371
1997	1 226 405	997 496	4 771	14 637	111 564	230 787	635 737	228 909
1998	1 278 474	1 069 243	8 733	15 277	125 245	257 947	662 041	209 231
1999	1 351 691	1 156 736	11 605	17 716	139 957	269 078	718 380	194 955
2000	1 679 848	1 315 931	16 285	25 219	177 787	305 435	791 206	363 916
2001	1 698 012	1 336 044	19 437	25 214	182 102	308 626	800 665	361 968
2002	1 765 222	1 382 926	25 130	27 468	197 143	315 141	818 044	382 296
2003	1 809 828	1 438 738	29 745	29 903	211 929	324 788	842 373	371 090
2004	1 870 661	1 515 826	34 288	33 522	231 715	335 347	880 954	354 835
2005	1 930 543	1 591 791	41 005	38 381	246 442	344 671	921 293	338 752
2006	3 456 999	2 282 872	45 339	45 289	262 678	354 734	1 574 833	1 174 128
2007	3 583 715	2 535 383	53 913	50 093	276 413	363 922	1 791 042	1 048 332
2008	3 730 164	2 778 521	60 302	54 216	285 226	374 215	2 004 563	951 642
2009	3 860 823	3 056 265	65 055	59 462	300 686	379 023	2 252 038	804 558
2010	4 008 229	3 304 709	74 113	64 430	308 743	387 967	2 469 456	703 520
2011	4 106 387	3 453 590	84 946	68 119	320 536	393 613	2 586 377	652 796
2012	4 237 508	3 609 600	96 200	74 271	331 455	401 865	2 705 809	627 908
2013	4 356 218	3 755 567	104 438	79 491	340 466	407 033	2 824 138	600 652
2014	4 463 913	3 900 834	111 936	85 362	348 351	414 199	2 940 986	563 079
2015	4 577 296	4 046 290	123 523	90 964	360 410	418 237	3 053 157	531 005
2016	4 695 250	4 225 484	129 990	99 165	370 197	424 658	3 201 474	469 766
2017	4 773 469	4 338 560	136 449	105 224	380 481	429 035	3 287 372	434 909
2018	4 846 532	4 465 864	142 593	111 703	393 471	437 060	3 381 036	380 667
2019	5 012 496	4 698 725	149 571	117 061	405 345	446 107	3 580 640	313 771
2020	5 198 120	4 944 489	160 980	123 101	418 300	457 375	3 784 732	253 632
2021	5 280 708	5 061 899	169 071	128 162	426 417	467 100	3 871 149	218 809

附录1-3 全国内河航道里程及构筑物数量

年 份	内河航道里程(公里)	等级航道	通航河流上永久性构筑物(座) 船闸	升船机
1978	135 952	57 408	706	35
1979	107 801	57 472	756	40
1980	108 508	53 899	760	41
1981	108 665	54 922	758	41
1982	108 634	55 595	768	40
1983	108 904	56 177	769	41
1984	109 273	56 732	770	44
1985	109 075	57 456	758	44
1986	109 404	57 491	744	44
1987	109 829	58 165	784	44
1988	109 364	57 971	782	55
1989	109 040	58 131	825	46
1990	109 192	59 575	824	45
1991	109 703	60 336	830	45
1992	109 743	61 430	798	43
1993	110 174	63 395	790	44
1994	110 238	63 894	817	51
1995	110 562	64 323	816	48
1996	110 844	64 915	823	50
1997	109 827	64 328	823	48
1998	110 263	66 682	872	56
1999	116 504	60 156	918	59
2000	119 325	61 367	921	59
2001	121 535	63 692	906	60
2002	121 557	63 597	907	60
2003	123 964	60 865	821	43
2004	123 337	60 842	821	43
2005	123 263	61 013	826	42
2006	123 388	61 035	833	42
2007	123 495	61 197	835	42
2008	122 763	61 093	836	42
2009	123 683	61 546	847	42
2010	124 242	62 290	860	43
2011	124 612	62 648	865	44
2012	124 995	63 719	864	44
2013	125 853	64 900	864	45
2014	126 280	65 362	864	45
2015	127 001	66 257	856	45
2016	127 099	66 409	859	46
2017	127 019	66 160	858	46
2018	127 126	66 442	863	46
2019	127 298	66 749	858	46
2020	127 686	67 269	769	43
2021	127 642	67 204	779	42

注：等级航道里程数，1973—1998年为水深1米以上航道里程数；自2004年始，内河航道里程为内河航道通航里程数。

附录 1-4 公路客、货运输量

年 份	客运量（万人）	旅客周转量（亿人公里）	货运量（万吨）	货物周转量（亿吨公里）
1978	149 229	521.30	151 602	350.27
1979	178 618	603.29	147 935	350.99
1980	222 799	729.50	142 195	342.87
1981	261 559	839.00	134 499	357.76
1982	300 610	963.86	138 634	411.54
1983	336 965	1 105.61	144 051	462.68
1984	390 336	1 336.94	151 835	527.38
1985	476 486	1 724.88	538062	1 903.00
1986	544 259	1 981.74	620 113	2 117.99
1987	593 682	2 190.43	711 424	2 660.39
1988	650 473	2 528.24	732 315	3 220.39
1989	644 508	2 662.11	733 781	3 374.80
1990	648 085	2 620.32	724 040	3 358.10
1991	682 681	2 871.74	733 907	3 428.00
1992	731 774	3 192.64	780 941	3 755.39
1993	860 719	3 700.70	840 256	4 070.50
1994	953 940	4 220.30	894 914	4 486.30
1995	1 040 810	4 603.10	939 787	4 694.90
1996	1 122 110	4 908.79	983 860	5 011.20
1997	1 204 583	5 541.40	976 536	5 271.50
1998	1 257 332	5 942.81	976 004	5 483.38
1999	1 269 004	6 199.24	990 444	5 724.31
2000	1 347 392	6 657.42	1 038 813	6 129.39
2001	1 402 798	7 207.08	1 056 312	6 330.44
2002	1 475 257	7 805.77	1 116 324	6 782.46
2003	1 464 335	7 695.60	1 159 957	7 099.48
2004	1 624 526	8 748.38	1 244 990	7 840.86
2005	1 697 381	9 292.08	1 341 778	8 693.19
2006	1 860 487	10 130.85	1 466 347	9 754.25
2007	2 050 680	11 506.77	1 639 432	11 354.69
2008	2 682 114	12 476.11	1 916 759	32 868.19
2009	2 779 081	13 511.44	2 127 834	37 188.82
2010	3 052 738	15 020.81	2 448 052	43 389.67
2011	3 286 220	16 760.25	2 820 100	51 374.74
2012	3 557 010	18 467.55	3 188 475	59 534.86
2013	1 853 463	11 250.94	3 076 648	55 738.08
2014	1 736 270	10 997.00	3 113 334	56 847.00
2015	1 619 097	10 742.66	3 150 019	57 955.72
2016	1 542 759	10 228.71	3 341 259	61 080.10
2017	1 456 784	9 765.18	3 686 858	66 771.52
2018	1 367 170	9 279.68	3 956 871	71 249.21
2019	1 301 173	8 857.08	3 435 480	59 636.39
2020	689 425	4 641.01	3 426 413	60 171.85
2021	508 693	3 627.54	3 913 889	69 087.65

附录 1-5　水路客、货运输量

年　份	客运量 （万人）	旅客周转量 （亿人公里）	货运量 （万吨）	货物周转量 （亿吨公里）
1949	1 562	15.17	2 543	63.12
1950	2 377	14.72	2 684	51.31
1951	2 945	21.66	3 860	103.51
1952	3 605	24.50	5 141	145.75
1953	5 324	34.12	7 237	185.64
1954	5 523	34.38	10 163	241.73
1955	5 646	35.20	11 715	303.98
1956	7 177	42.29	13 892	343.63
1957	8 780	46.38	15 806	417.39
1958	9 492	45.75	22 540	522.26
1959	10 626	53.35	34 337	704.10
1960	12 333	61.90	38 630	784.90
1961	15 152	79.49	25 903	554.47
1962	16 397	83.92	18 013	455.97
1963	12 678	58.80	17 659	471.19
1964	11 878	51.32	21 044	555.03
1965	11 369	47.37	24 155	676.44
1966	12 780	64.23	25 067	771.81
1967	13 548	65.96	21 868	686.42
1968	14 038	67.76	19 976	791.69
1969	15 531	74.71	22 804	867.30
1970	15 767	71.01	26 848	939.85
1971	15 638	73.35	30 230	1 285.24
1972	17 297	77.10	32 916	1 523.62
1973	19 270	83.60	35 423	1 965.90
1974	19 647	86.87	35 198	2 180.55
1975	21 015	90.59	38 968	2 827.83
1976	21 298	94.28	39 875	2 490.41
1977	22 452	97.48	43 731	2 787.90
1978	23 042	100.63	47 357	3 801.76
1979	24 360	114.01	47 080	4 586.72
1980	26 439	129.12	46 833	5 076.49
1981	27 584	137.81	45 532	5 176.33
1982	27 987	144.54	48 632	5 505.25
1983	27 214	153.93	49 489	5 820.03
1984	25 974	153.53	51 527	6 569.44
1985	30 863	178.65	63 322	7 729.30

附录 1-5 （续表一）

年 份	客运量 （万人）	旅客周转量 （亿人公里）	货运量 （万吨）	货物周转量 （亿吨公里）
1986	34 377	182.06	82 962	8 647.87
1987	38 951	195.92	80 979	9 465.06
1988	35 032	203.92	89 281	10 070.38
1989	31 778	188.27	87 493	11 186.80
1990	27 225	164.91	80 094	11 591.90
1991	26 109	177.20	83 370	12 955.40
1992	26 502	198.35	92 490	13 256.20
1993	27 074	196.45	97 938	13 860.80
1994	26 165	183.50	107 091	15 686.60
1995	23 924	171.80	113 194	17 552.20
1996	22 895	160.57	127 430	17 862.50
1997	22 573	155.70	113 406	19 235.00
1998	20 545	120.27	109 555	19 405.80
1999	19 151	107.28	114 608	21 262.82
2000	19 386	100.54	122 391	23 734.18
2001	18 645	89.88	132 675	25 988.89
2002	18 693	81.78	141 832	27 510.64
2003	17 142	63.10	158 070	28 715.76
2004	19 040	66.25	187 394	41 428.69
2005	20 227	67.77	219 648	49 672.28
2006	22 047	73.58	248 703	55 485.75
2007	22 835	77.78	281 199	64 284.85
2008	20 334	59.18	294 510	50 262.74
2009	22 314	69.38	318 996	57 556.67
2010	22 392	72.27	378 949	68 427.53
2011	24 556	74.53	425 968	75 423.84
2012	25 752	77.48	458 705	81 707.58
2013	23 535	68.33	559 785	79 435.65
2014	26 293	74.34	598 283	92 774.56
2015	27 072	73.08	613 567	91 772.45
2016	27 234	72.33	638 238	97 338.80
2017	28 300	77.66	667 846	98 611.25
2018	27 981	79.57	702 684	99 052.82
2019	27 267	80.22	747 225	103 963.04
2020	14 987	32.99	761 630	105 834.44
2021	16 337	33.11	823 973	115 577.51

附录 2-1 全国沿海港口泊位及吞吐量

年 份	生产用泊位数（个）	万吨级	旅客吞吐量（千人）	货物吞吐量（千吨）	外贸	集装箱吞吐量（TEU）
1978	311	133	5 035	198 340	59 110	
1979	313	133	6 850	212 570	70 730	2 521
1980	330	139	7 480	217 310	75 220	62 809
1981	325	141	15 970	219 310	74 970	103 196
1982	328	143	16 290	237 640	81 490	142 614
1983	336	148	17 560	249 520	88 530	191 868
1984	330	148	17 990	275 490	104 190	275 768
1985	373	173	22 220	311 540	131 450	474 169
1986	686	197	38 660	379 367	140 487	591 046
1987	759	212	40 409	406 039	146 970	588 046
1988	893	226	57 498	455 874	161 288	900 961
1989	905	253	52 890	490 246	161 688	1 090 249
1990	967	284	46 776	483 209	166 515	1 312 182
1991	968	296	51 231	532 203	195 714	1 896 000
1992	1 007	342	62 596	605 433	221 228	2 401 692
1993	1 057	342	69 047	678 348	242 869	3 353 252
1994	1 056	359	60 427	743 700	270 565	4 008 173
1995	1 263	394	65 016	801 656	309 858	5 515 145
1996	1 282	406	58 706	851 524	321 425	7 157 709
1997	1 330	449	57 548	908 217	366 793	9 135 402
1998	1 321	468	60 885	922 373	341 366	11 413 127
1999	1 392	490	64 014	1 051 617	388 365	15 595 479
2000	1 455	526	57 929	1 256 028	523 434	20 610 766
2001	1 443	527	60 532	1 426 340	599 783	24 700 071
2002	1 473	547	61 363	1 666 276	710 874	33 821 175
2003	2 238	650	58 593	2 011 256	877 139	44 548 747
2004	2 438	687	71 398	2 460 741	1 047 061	56 566 653
2005	3 110	769	72 897	2 927 774	1 241 655	69 888 051
2006	3 291	883	74 789	3 421 912	1 458 269	85 633 771
2007	3 453	967	69 415	3 881 999	1 656 307	104 496 339
2008	4 001	1 076	68 337	4 295 986	1 782 712	116 094 731
2009	4 516	1 214	76 000	4 754 806	1 979 215	109 908 156
2010	5 453	1 343	73 320	5 644 640	2 288 100	131 450 000
2011	5 532	1 422	79 990	6 360 240	2 544 020	146 320 000
2012	5 623	1 517	78 785	6 879 749	2 785 525	157 968 892
2013	5 675	1 607	77 802	7 561 285	3 056 865	169 677 161
2014	5 834	1 704	80 614	8 033 065	3 266 669	181 776 014
2015	5 899	1 807	81 634	8 147 279	3 300 603	189 068 908
2016	5 887	1 894	82 031	8 455 101	3 453 410	195 901 939
2017	5 830	1 948	86 691	9 056 985	3 654 870	210 993 289
2018	5 734	2 007	88 345	9 463 212	3 744 474	222 031 289
2019	5 562	2 076	82 058	9 187 738	3 855 254	230 921 240
2020	5 461	2 138	43 442	9 480 022	4 004 572	234 292 159
2021	5 419	2 207	46 518	9 972 590	4 188 063	249 326 088

注：自 2010 年起，沿海、内河港口泊位及吞吐量统计范围由规模以上港口调整为全国所有港口。

附录 2-2　全国内河港口泊位及吞吐量

年　份	生产用泊位数（个）	万吨级	旅客吞吐量（千人）	货物吞吐量（千吨）	外贸	集装箱吞吐量（TEU）
1978	424			81 720		
1979	432			85 730		
1980	462			89 550		
1981	449	4		87 860	834	
1982	456	4		96 000	1 286	
1983	482	6		106 580	1 802	6 336
1984	464	7		109 550	2 781	14 319
1985	471	16		114 410	5 913	28 954
1986	1 436	20	44 380	165 920	6 483	39 534
1987	2 209	20	41 943	236 203	8 616	42 534
1988	1 880	25	73 642	238 466	8 498	63 943
1989	2 984	23	59 659	249 041	8 792	86 605
1990	3 690	28	48 308	232 888	9 363	115 044
1991	3 439	28	49 899	246 196	10 893	153 000
1992	3 311	30	58 367	273 064	13 695	193 754
1993	3 411	39	51 723	277 437	18 104	280 373
1994	4 551	42	43 415	295 172	15 596	359 726
1995	4 924	44	38 874	313 986	19 336	574 828
1996	5 142	44	63 210	422 711	22 484	555 807
1997	7 403	47	40 235	401 406	28 702	701 700
1998	8 493	47	45 765	388 165	28 993	1 023 558
1999	7 826	52	34 280	398 570	37 547	1 884 731
2000	6 184	55	27 600	444 516	43 968	2 021 689
2001	6 982	57	26 470	490 019	50 861	1 986 468
2002	6 593	62	23 364	567 008	59 530	2 361 163
2003	5 759	121	17 926	662 243	72 650	2 810 798
2004	6 792	150	16 369	864 139	84 577	3 625 749
2005	6 833	186	13 224	1 014 183	100 630	4 542 438
2006	6 880	225	11 056	1 175 102	120 597	6 356 928
2007	7 951	250	10 169	1 382 084	140 086	8 086 212
2008	8 772	259	8 794	1 594 806	142 882	9 641 322
2009	13 935	293	25 479	2 216 785	182 965	12 170 563
2010	26 181	318	103 600	3 287 590	212 580	14 680 000
2011	26 436	340	114 300	3 680 890	241 830	17 360 000
2012	26 239	369	115 266	3 896 292	270 778	19 500 817
2013	26 085	394	106 896	4 205 764	302 782	20 533 499
2014	25 871	406	102 381	4 419 086	323 412	20 659 156
2015	25 360	414	103 667	4 602 978	362 917	22 489 800
2016	24 501	423	102 724	4 745 686	397 989	24 145 194
2017	21 748	418	98 482	4 950 354	437 974	27 387 472
2018	18 185	437	88 924	4 887 622	444 851	29 090 263
2019	17 331	444	5 072	4 763 094	465 440	30 150 756
2020	16 681	454	746	5 069 892	490 964	30 009 459
2021	15 448	452	1 219	5 572 753	509 300	33 396 255

注：自 2010 年起，沿海、内河港口泊位及吞吐量统计范围由规模以上港口调整为全国所有港口。

附录 3-1 交通固定资产投资（按使用方向分）

单位：亿元

年份	合计	公路行业	水路行业	沿海建设	内河建设
1978	24.85	5.76	0.69	4.31	14.09
1979	25.50	6.04	0.72	4.39	14.34
1980	24.39	5.19	0.70	6.11	12.38
1981	19.82	2.94	0.84	5.80	10.25
1982	25.74	3.67	0.76	9.41	11.91
1983	29.98	4.05	1.37	12.37	12.19
1984	52.42	16.36	1.95	16.17	17.94
1985	69.64	22.77	1.58	18.26	27.03
1986	106.46	42.45	3.68	22.81	37.51
1987	122.71	55.26	3.38	27.42	36.66
1988	138.57	74.05	5.07	23.12	36.33
1989	156.05	83.81	5.32	27.32	39.60
1990	180.53	89.19	7.13	32.05	52.17
1991	215.64	121.41	6.68	33.77	53.77
1992	360.24	236.34	9.39	43.83	70.68
1993	604.64	439.69	14.47	57.55	92.92
1994	791.43	584.66	22.51	63.06	121.20
1995	1 124.78	871.20	23.85	69.41	160.32
1996	1 287.25	1 044.41	29.35	80.33	133.16
1997	1 530.43	1 256.09	40.54	90.59	143.21
1998	2 460.41	2 168.23	53.93	89.80	148.45
1999	2 460.52	2 189.49	53.34	89.44	128.26
2000	2 571.73	2 315.82	54.46	81.62	119.83
2001	2 967.94	2 670.37	50.50	125.19	121.88
2002	3 491.47	3 211.73	39.95	138.43	101.36
2003	4 136.16	3 714.91	53.79	240.56	126.90
2004	5 314.07	4 702.28	71.39	336.42	203.98
2005	6 445.04	5 484.97	112.53	576.24	271.30
2006	7 383.82	6 231.05	161.22	707.97	283.58
2007	7 776.82	6 489.91	166.37	720.11	400.44
2008	8 335.42	6 880.64	193.85	793.49	467.44
2009	11 142.80	9 668.75	301.57	758.32	414.16
2010	13 212.78	11 482.28	334.53	836.87	559.10
2011	14 464.21	12 596.36	397.89	1 006.99	462.97
2012	14 512.49	12 713.95	489.68	1 004.14	304.71
2013	15 533.22	13 692.20	545.97	982.49	312.56
2014	17 171.51	15 460.94	508.12	951.86	250.59
2015	18 421.00	16 513.30	546.54	910.63	450.52
2016	19 887.63	17 975.81	552.15	865.23	494.45
2017	23 141.16	21 253.33	669.49	569.39	648.96
2018	23 350.15	21 335.18	627.90	563.40	823.67
2019	23 452.33	21 895.04	613.64	523.81	419.85
2020	25 882.86	24 311.57	704.29	626.17	240.83
2021	27 508.34	25 995.33	1 513.01	722.74	743.10